青春文庫

リバウンドしない
収納の魔法

収納王子コジマジック

青春出版社

Prologue

リバウンドしない収納の魔法で3つの〝お得〟が手に入る

つっぱり棒で、あなたの心の支えになりたい！
収納王子コジマジックです。

この本を手にしているあなたは
「どうして、部屋が散らかるのか？」
「どうして、うまく片づけができないのか？」
と日々悩んでいることでしょう。

でも、モノと人との関係がうまくいけば、あなたはもっと幸せになれます。

意識が変われば、だれでも、すんなりと、いまより快適な生活を手に入れることができるのです。

あなたの理想とする心地いい生活が、向こうから舞い込んでくるはずです。

片づけ上手になれば、こんな3つのハッピーが待っています。

1 時間のお得

モノをすぐに出し入れできるため、**ムダな動きが減ります。**

掃除、洗濯、調理といった**家事にかかる時間がみるみる短くなり、また、鍵やリモコンなどの探しものも減ります。**あまった時間を有効に活かして、自分の趣味や好きなことに使ってみましょう。

2 お金のお得

買い置きがどれくらいあるのか、どれだけの数が足りないのかがひと目でわかり、自分の持っているモノの数を把握できます。

すると、**ムダ買いや二度買いがなくなり、いまより確実に、お財布に余裕が生まれます。**貯金に、旅行にと、自分の好きなことに回せるのです。

3 心のお得

目的のモノがすぐに見つかると、**イライラした気持ちが消えます。**

さらに、いつも部屋がきれいなので**「片づけなくては」という緊張から解放されます。**リラックスして、気持ちにゆとりが生まれ、心地いい生活が送れるようになり、いつも笑顔で過ごすことができます。

目次

リバウンドしない収納の魔法

Part 3

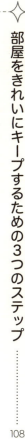

Epilogue

Part 1

ミラクル大改造！

片づけられない人々のお宅訪問＆模様替え

リバウンドなしの〝魔法〟をかけていきましょう！

ぼくのところには日々、「片づけが苦手」と悩む方たちから相談がまいこみます。
今回も、さまざまなお宅からご相談を受けました。

まず、4人暮らしのキッチン。モノが散らかっていて料理がしづらい。毎日の掃除も大変。そんなお悩みを解決していきます。

次に、2人暮らしの冷蔵庫。料理が好きで、調味料が多い。野菜が使いきれない。賞味期限とのたたかいです。

それからひとり暮らしの押入れ。着たい服が、すぐに見つからない。いちばんの悩みは、布団が入らないこと。どうすれば押入れにうまく収納できるのでしょうか？

押入れ編

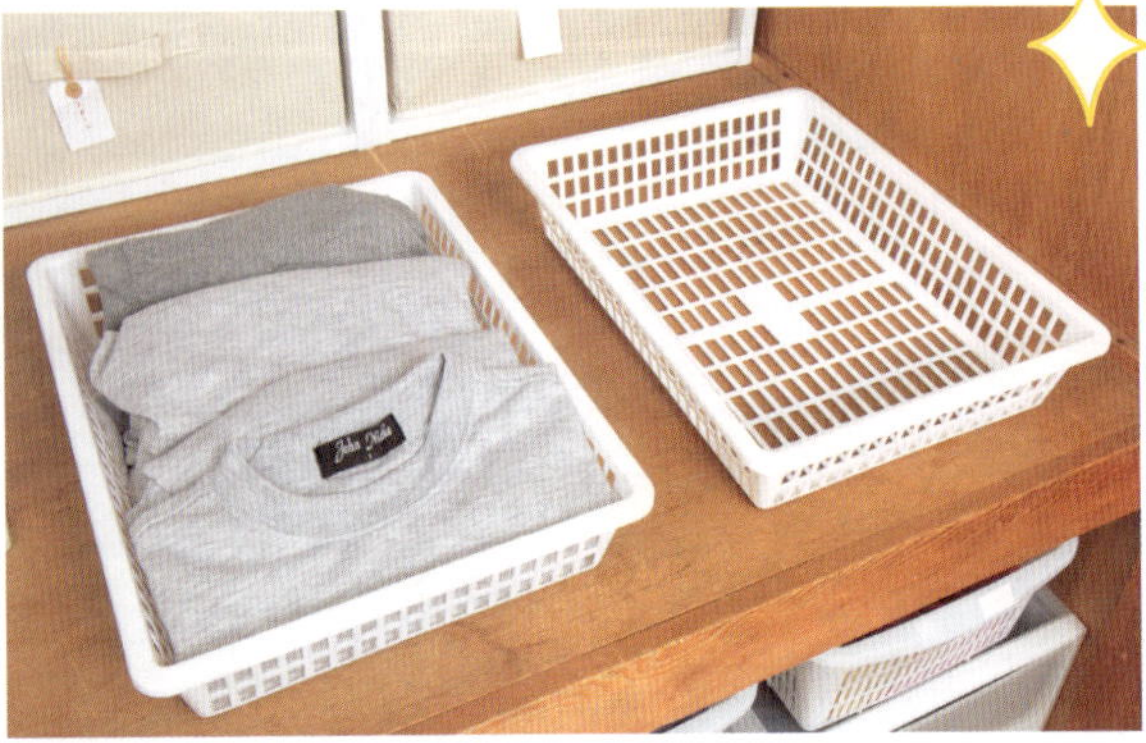

右のフスマをあけたところに、帰って脱いだ服の一時置き場と、部屋着の住所をつくりました。プラカゴを並べるだけで空間を仕切れて、散らかり防止になります

左のフスマをあけたところにもプラカゴを置き、よく使うバッグをたたんで収納。隣にハンカチ類を置くと、出かける前にすぐバッグに入れられて便利

強力つっぱり棒で、押入れの幅にピッタリのハンガーかけができあがり。支えポールでT字状に固定すると、より頑丈に。服の重みでつっぱり棒が落ちるのを防げます

奥には３段カラボを３つ置いて、不織布インナーボックス内にトップスやボトムスを種類別に縦型収納

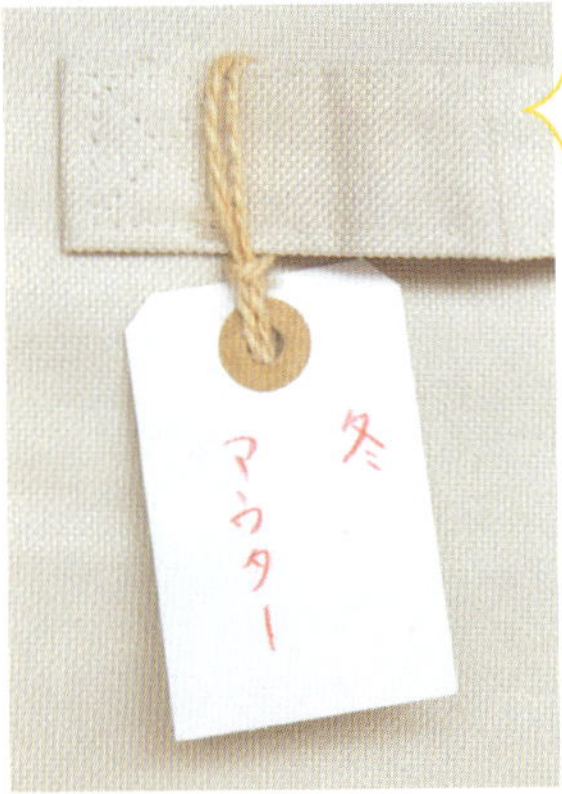

ひと目で中身がわかるように、麻ヒモで荷札をつけてラベリング

ワイヤーネットを専用フックで壁に貼りつけます。ネジ用フックなどもありますが、粘着式のほうが取りつけが簡単です。アクセサリー類をかけておくと、もつれや紛失を防げます

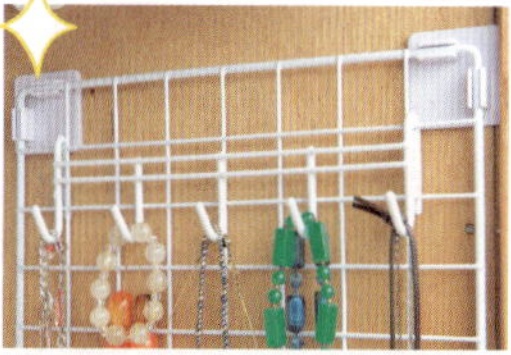

ブックスタンドを強力両面テープで壁に貼りつけ、帽子をかけると型くずれ防止に

100円スグレモノ

ブックスタンド

本棚の仕切りに使うのはもちろん、アイデア次第で帽子かけとしても食品の仕切りとしても活用できます

押入れ編の詳細は→P 68

冷蔵庫編

冷蔵室

ひと目でわかるよう、トレイにシールを貼ってラベリングする

朝食で使う食材を冷蔵庫用トレイにまとめます。洋食セット（バターやジャムなど）と、和食セット（納豆、佃煮、梅干しなど）に分けると、時短と節電につながります

上段の下に、つっぱり棒を２本通します。チルドピザなど薄くて大きいものを、つぶれないように収納できます

野菜室用プラカゴや密閉容器を使って、室内全体を仕切ります。食材の種類別、大きさ別に収納

使いかけの野菜は、目立つ色のプラカゴに入れ、手前に置くと、使い忘れを防げます

冷蔵庫編の詳細は→P 52

キッチン編

つり戸棚

取っ手つきプラカゴを統一することで整った印象に！
白い化粧板３枚でコの字ラックをつくり、段数を増やしました（側面２枚は内壁に強力両面テープで貼りつけ、長い１枚を上に載せる）。つり戸棚には、たまに補充するときだけ取り出す、使いかけの調味料の袋などを収納します

ここもやっぱりラベリングすると中身がわかりやすい

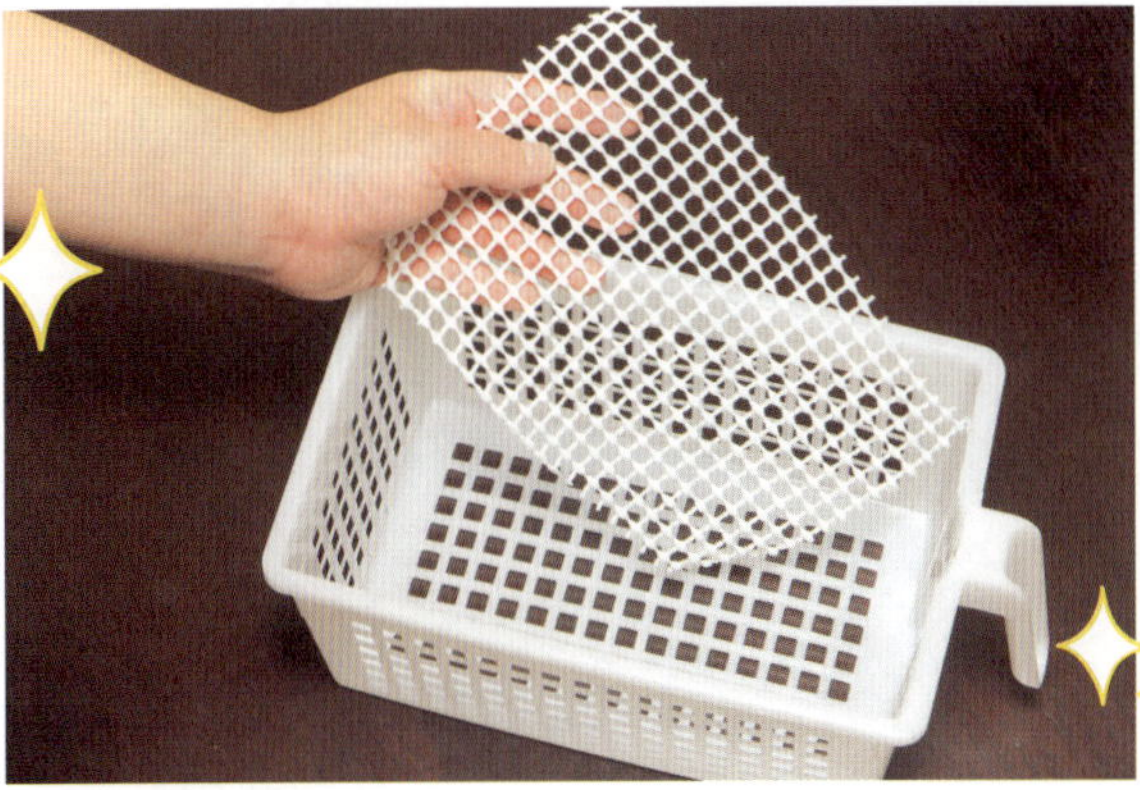

すべり止めシートをプラカゴの大きさに切って底に敷いておくと、
中身がすべりにくくて安心

キッチンの調理台下

引き出し１段目は備えつけの仕切りを利用。大量の箸やスプーンも数を厳選すれば、こんなにスッキリ

２段目には、しゃもじやお玉、大根おろし器などの調理器具を。仕切り板をクロスしてスペースを４分割し、アイテム別に収納

3段目には、キッチン掃除グッズを。プラカゴやポリ袋の外箱をパズルのように組み、使いやすく収める

100円スグレモノ

プラカゴ

プラスチック製のカゴ。デザインが豊富で、取っ手つき、積み重ね可能、連結可能など多数のバリエあり

キッチンのコンロ下

P 26と同じ要領で、コの字ラックをつくり、上段に鍋を置きました（手づくりコの字ラックの高さの目安は、いちばん大きいフライパンの直径＋約3cm）。大きいフライパンは書類ケースに縦型収納

アルミチャンネル２本を強力両面テープでレール状に固定し、白い化粧板を差し込みます。粘着取っ手を引くと、板がスライドするので奥の鍋が取り出しやすくなります

キッチンのレンジ台まわり

つり戸棚と同様、取っ手つきプラカゴで美しく変身。棚上は、置いたモノを忘れてしまいがちなうえ、モノが落ちてくると危ないのであえて利用しません

手が届きやすい棚には大皿や平皿、深皿を

キッチン編の詳細は、次ページから

◇ミラクル大改造！

キッチン編

モノが散らかっていて料理がしづらい、毎日の掃除も大変、そんなキッチンのお悩み解決！

1軒目のご相談者は、神奈川県のWさんご一家。分譲マンションの2LDKに、夫、妻、長女（3歳）、次女（1歳）の4人暮らしをされています。

奥さまいわく、「棚から食器を取ろうとすると、手前にあるモノが落ちそうになります。鍋や調味料を置くスペースが足りなくて、調理台に出しっぱなし。毎日の掃除に時間がかかっています」。

Wさんのおうちのキッチンは、食器に鍋にストック食品にと、見るからにモノがいっぱい。つり戸棚は、奥さんの身長に対して高すぎて、うまく使いきれていない様子です。

「カウンターテーブルの上には何も置きたくないのですが、長女の幼稚園グッズが積み重なっています。どうすればスッキリ片づくでしょうか？」

Wさんのおうちのキッチンをよく見てみると、

□レンジ台に薬箱や書類が混在している
□食器棚の引き出しには使いかけの食材を詰め込んでいる
□棚に収納しきれない鍋がコンロ上に置きっぱなし
□床にはゴミ箱代わりのダンボール箱がある

といった状況でした。

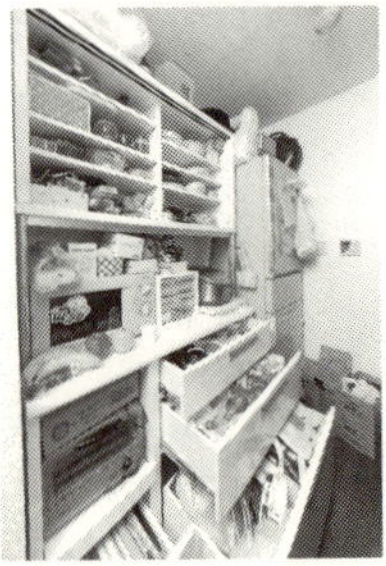

キッチンがみるみる片づく！

1・2・3の魔法

そんなキッチンのお悩みを解決するため、①出す、②分ける、③しまうという3ステップに分けて考えていきます。

1 出す

まずは、キッチンにあるすべてのモノを、別の部屋に出します。

電子レンジや炊飯器から、箸置きなどの小さなモノまでとにかく全部出して、何がどれくらいあるのか再確認することが大切です。

出していく際、ざっくりでいいので、家電製品、鍋、食器……と種類別にグループ化していくことがポイントです。こうすることで、種類別の数を把握しやすくなり、次の作業もしやすくなります。

Wさんのおうちのキッチンからは、砂糖のストックがなんと8袋も出てきました。

うち3袋は使いかけ。いくら甘党でも驚きの数です。うどんやパスタ、小麦粉などの粉モノもたっぷりストックし、缶詰や調味料、ご主人がたしなむお酒などは、なんと半分以上が賞味期限切れでした。

また、箸やスプーン、フォークなどのカトラリーは、4人家族にはあまりすぎるほどの量。コーヒーカップやグラス類がまさに骨董市のように並び、ほぼ未使用のカップ類も大量にあります。

活用できていない引き出しを開けると、レジ袋や紙袋があふれるように出てきます。

さらに、新品未使用の靴を発見。奥さん自身も「こんなところにあったんですか⁉」とビッ

まずはモノを全部「出す」。こんなにいっぱいあったなんて！
自分の目で確認すると、あらためて数量の多さに驚くはず

クリしていました。

2 分ける

次に、「使っているモノ」と「1年以上使っていないモノ」に分けます。

「1年以上使っていないモノ」に分別したモノは、だれかに譲る、売る、寄付するなど、手放す方法を考えます。

- 次に、使っているモノと使っていないモノに「分ける」。
- 1年以上使っていないモノは思い切って後者に

3 しまう

②で分別した「使っているモノ」だけを収納していきます。

すると、キッチンが見違えるほどスッキリした空間に！

もちろん外見だけではなく、扉や引き出しの中身も美しい状態になりました。その秘密を、スペース別に紹介していきます。

そして、使っているモノだけを収納スペースに「しまう」。使っていないモノは決して、しまい込まないように。袋やダンボールに入れておき、良いタイミングで手放します

コジマジック♪

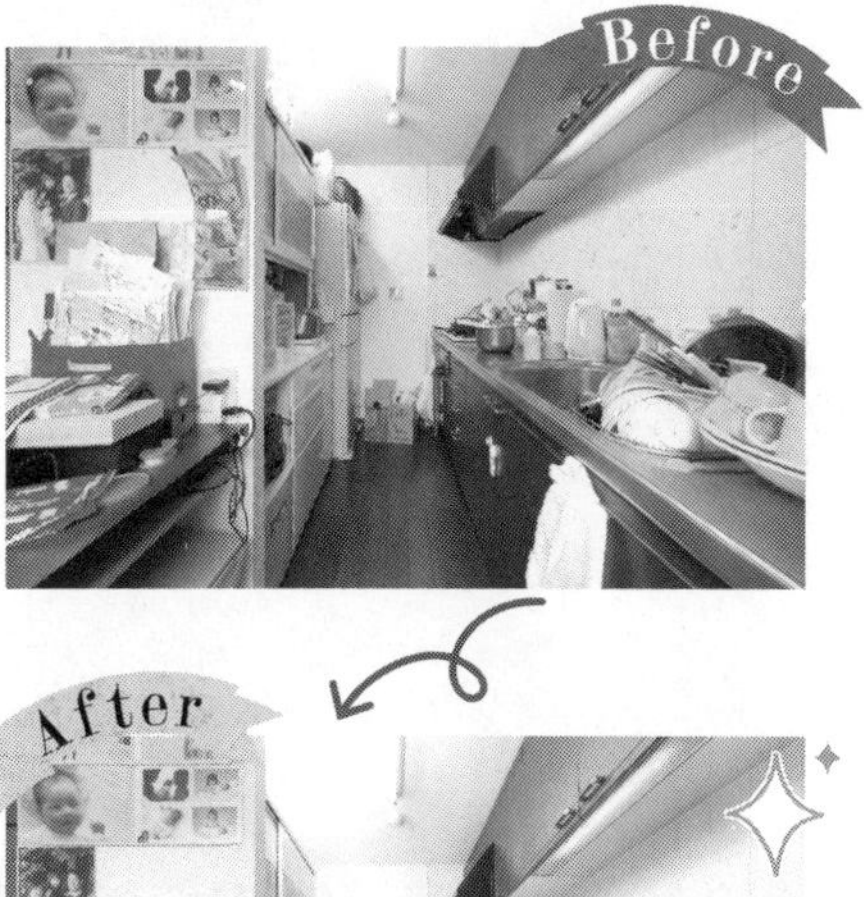
Before

After

シンク&コンロまわり

外に出ていたモノをトビラや引き出しのなかに収納すると、シンク&コンロまわりが驚くほどサッパリ！　まるで引越ししたての美しさになりました（写真上）。

また、毎日使う食器用洗剤やハンドソープは、**シンプルな容器に詰め替える**と見た目がスッキリします。**トレイに載せる**と、毎日の掃除もしやすくなります（写真下）。

✧シンク下

シンク下には水を使う調理器具を置くのが基本です。

また、湿気や水気の影響を受けないモノを置くようにしましょう。

Wさんは部品の欠けたラックを使用していましたが、これは処分して、高さ調整や伸縮ができるシンク下ラックを購入。空間を3分割します（写真）。

まな板、ザル、ボウルなど水まわりの道具をここに置くと使い勝手◎。最下段には重たい調理器具を置きます。

✧コンロ下

無造作に鍋が積み重なり、上の空間がデッドスペースになっていました。

コンロ下は火を使う鍋や調理器具を置くのが正解。白い化粧版や100円アイテムを駆使して、奥のモノを取り出しやすくします（P30に写真あり）。

また、扉裏に、粘着面ファスナーで密閉容器を取りつけ、使いかけの調味料を収納します（写真）。

調理台に出しっぱなしだった調味料やスパイス類は、残量がわかりやすい透明のビンに中身を移し替え、回転皿の上に並べます（写真）。

上から見て、ひと目でわかるようにラベリングをするのが重要です。

回転テーブル

＋

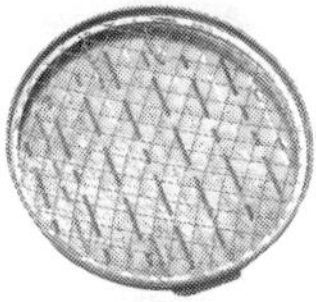
丸型焼き網

＋

強力両面
テープで合体

＝

回転皿に！

✧つり戸棚

背伸びしないと届かないせいで、雑多なモノが混在していた、つり戸棚。**高い位置には基本的に軽いモノ、あまり使わないモノを置き、取り出しやすい工夫をします。**高すぎる最上段はあえて使わないという方法もあります（P26〜27に写真あり）。

使いやすさと高さの関係性については、3章で詳しく紹介します。

✧食器棚

夫婦と子ども2人分の食器がバラバラに重なっていた食器棚。ひとつ取り出すと、違う皿が落ちそうになり……かなり危なっかしい状態でした。

取り出しやすくて、しまいやすい、理想的な食器棚に仕上げるコツは、**プラカゴを活用して、アイテム別に整理すること**（写真上。ここでは取っ手つきプラカゴを使用）。

毎日使う食器類はシンクからいちばん近いところで、視線から胸の高さまでのあたりに収めます。一方、あまり使わないモノや、軽いモノ、プラカップなど割れにくいモノは、上段に置きます。

電気ケトルはコンセントの近くに（写真下）。コーヒーセットを揃えて置けば、ムダな動きが少なくなります。

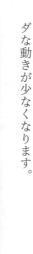

食器棚の引き出しも、用途別に収納していきます。

1段目（写真上）。プラカゴで仕切って、来客用カトラリーやグラス、ふきん類を。グラスは上下交互に入れると省スペースになります。

2段目（写真下）は、子ども用お弁当グッズ専用に。プラカゴで細かく区切れば、こまごましたモノが散乱しにくくなります。忙しい朝の時短にもつながりますね。

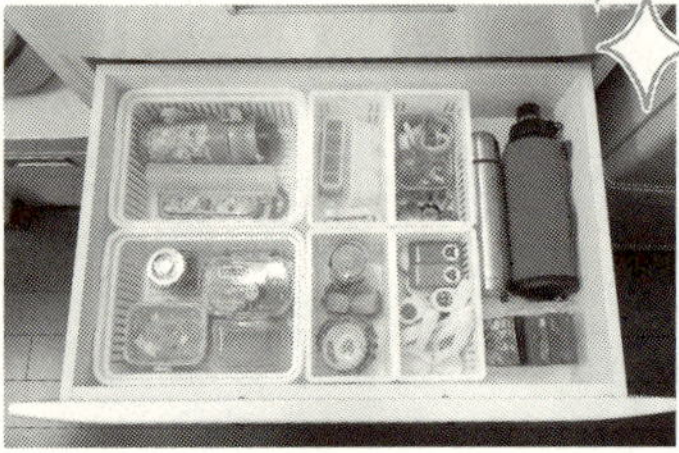

食器棚の引き出し、最下段（写真上）には、乾麺類や砂糖などをストック。詰め込みがちなモノですが、ここもプラカゴで区分けすれば、何がどこにあるのか、ひと目でわかります。

さらに、プラスチック製ダンボール（通称プラダン）を引き出しの高さに合わせて切り、両側と後ろに取りつけると（写真下）、横や後ろからモノが落ちなくなるため、より多くのモノを収納できるようになります。

プラダンは、ホームセンターなどで購入可。カッターで簡単に切れて、紙製より湿気に強いのが特長です。カラーバリエが豊富なので、家具の色に合わせてセレクトしてみましょう。

◆プラダン

✧レンジ台まわり

それぞれの棚に食器や書類、薬箱などが雑多に置かれていて、探しモノは日常茶飯事だったそうです。作業台もモノ置き状態になっていました。

家電のそばにモノを置くのは、とても危険。プラカゴやつっぱり棒を活用して、理想的な使い方に戻していきます（P32に写真あり）。

トースターや電子レンジ上の空間を有効に活かすため、つっぱり棒2本を手前と奥に通します（写真）。前後の棒にトレイの溝を引っかけて、上にラップやアルミホイルを置きます。トレイを横にスライドさせることもできて使い勝手がいいうえ、おぼんなどを置く棚代わりにもなります。

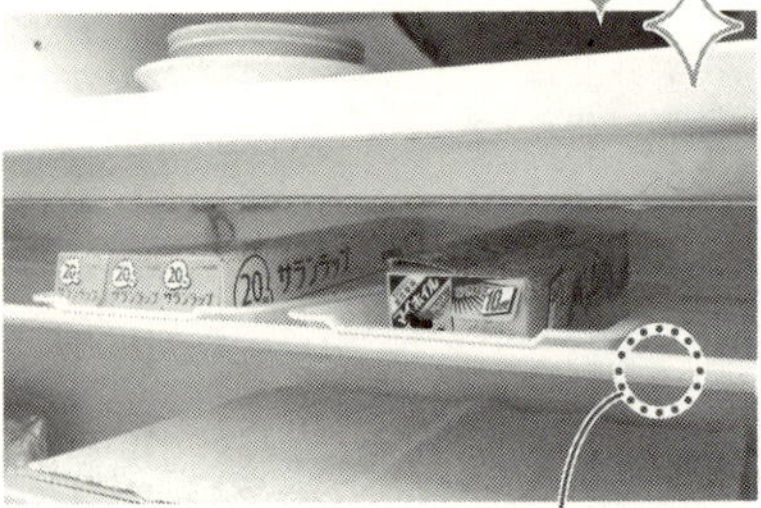

つっぱり棒

100円スグレモノ

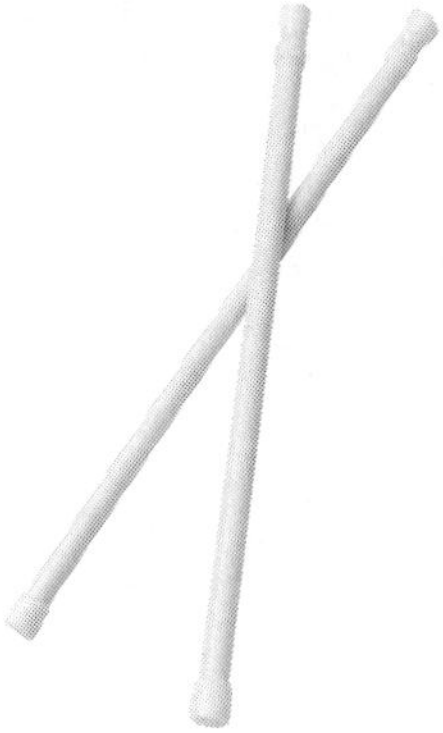

つっぱり棒

デッドスペースを有効な収納スペースに生き返らせる、魔法のアイテム。細くて短いものから、押入れのハンガーかけになる長くて太いものまでサイズが豊富。たとえば68cmの空間に使いたいときは、「約54～約90cm伸縮自在」といったように、目的の数字を含むつっぱり棒を探します。ただし、店頭にいくつかある場合は、「使いたい空間の幅」が「短いほうの数字」に近いものを選びましょう（このほうが強度が高いため）。耐荷重（どれくらいの重さに耐えられるか）のチェックも忘れずに。

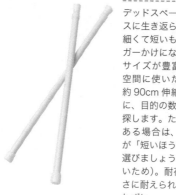

◇ カウンターテーブルまわり

ここを整理して美しさをキープできれば、ちょっとした作業がしやすく、来客への印象もグンと変わります。

お弁当グッズと幼稚園グッズをそれぞれ適した場所に戻すと、テーブルが復活しました（写真上）。

折りたたみ椅子を置けば、カフェのようなスペースができあがり（写真下）。家計簿をつけたり家事途中に休憩したりするスペースに変身！

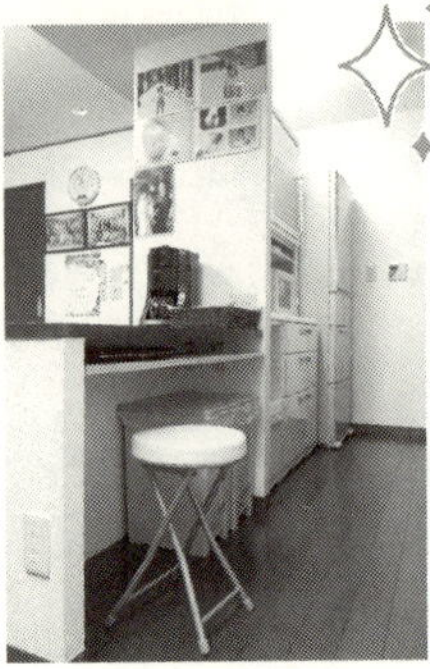

キッチンをいつも美しく保つコツ

- ☐ 目につく場所に、なるべくモノを置かない
- ☐ 数量や残量がひと目でわかるように収納する
- ☐ モノを使ったら、もとの場所に戻す
- ☐ 決めた場所に別のモノを混ぜない
- ☐ 追加するモノの幅・奥行き・高さを揃える
- ☐ 追加する収納グッズの色味や素材を揃える

いつもキラキラな
キッチンで、
料理や家事を
楽しみましょう！

冷蔵庫編

調味料が多い、野菜が使いきれない……賞味期限とたたかう冷蔵庫のお悩み解決！

2軒目のご相談者は、神奈川県のMさんご夫婦。

分譲マンション2LDKにふたり暮らしをされています。

「料理が好きで、調味料をたくさん買ってしまいます。ビン入りだったり、チューブ入りだったり、大きさもまちまちだから、なかなか整理が難しくて……」と奥さま。

ご覧のとおり、Mさんのおうちの冷蔵庫は食材でいっぱいです。

ご本人でも、どこに何があるのか、わかりづらい様子。

「使いたいモノがすぐ見つからないから、扉をあけている時間が長くなってしまうんです。無意識に野菜を買うクセもあって、〝あ！　使いきれていないキュウリがここに！〟という経験もよくあります。本当は節約もしたいのですが……」

冷蔵庫って意外にモノが入るから、詰め込みすぎるんですよね。

Mさんのおうちの冷蔵庫をよく見てみると、

□ドアポケットにも調味料が散乱
□野菜室には、野菜や使いかけの食材がぎゅうぎゅう詰め
□冷凍庫もいっぱい。使いかけの冷凍食品のパッケージやトレイがかさばっている

といった状況でした。

これじゃ調理に時間がかかってしまいますよ……！

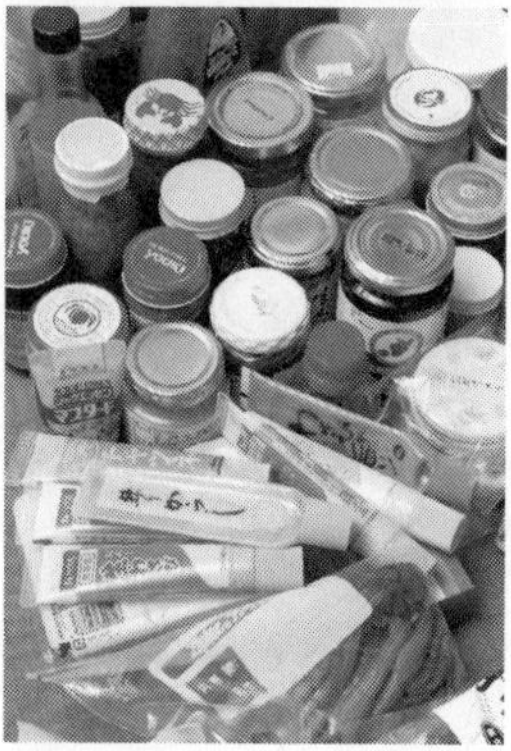

冷蔵庫がみるみる片づく！

1・2・3の魔法

そんな冷蔵庫のお悩みを解決するため、キッチンの大改造のときと同様に、3段階に分けて考えていきます。

1 出す

まずは冷蔵室、ドアポケット、野菜室、冷凍室に入っている食材をすべて出します。

このとき、食品、飲料、それ以外、とざっくり種類別にグループ化していきます。食材が傷まないように、すばやく取り出しましょう。

Mさんのおうちの冷蔵庫から、すべて出して並べてみると、バター4個、牛乳2本、チーズ3個、生クリーム2個……と、乳製品のムダ買いが多いことがわかりました。ビンやチューブ入りの調味料がズラリと並び、賞味期限切れのモノもちらほら。

また、持ち帰りのケーキなどについてくる保冷剤も大量に集まりました。「いつか使うかも？」とためていたら、こんなに集まったそうです。

2 分ける

次に、「賞味期限（食品によっては「消費期限」と表示）内に使う予定の食材」と「使う予定がない食材」に分けます。賞味期限（消費期限）切れの食材は、もちろん後者です。

3 しまう

②で分別した「賞味期限（消費期限）内に使う予定の食材」を収納していきます。

このとき、同じ食材が複数ある場合は、期限の近いものから食べたり調理に使用したりしていきます。

冷蔵室

冷蔵室をスッキリさせるコツは、**空間を仕切ること**。今回は、上段、中段、下段の3つに分けました。さらに、調理しやすいよう、**食材や調味料ごとに分けて収納**します。ひと目でわかるようにする、取り出しやすくする工夫もしましょう。

冷蔵室

3.6
牛乳

ドアポケット

コジマジック♪
中身がひと目でわかる
冷蔵庫に大変身！

まず、冷蔵室上段は、朝食で使う食材をトレイにまとめました（P23に写真あり）。

中段は、取っ手つきトレイを使って、奥行きを活かした収納を。乳製品（チーズなど）、大豆製品（味噌など）、アルコール類、といった具合に、系統別に分けて収納します（写真上）。

また、仕切り板の底に密着マグネットを貼りつけておきます。食べかけの食品の袋をダブルクリップで閉じてマグネットにくっつければ、つり下げて収納できます。冷蔵室をあけたらすぐ目に入るので、食べ忘れ防止にもなります（写真下）。

冷蔵室下段は、70〜80％収納を基本と考えて、スペースを空けておきます。つくりおきの料理を鍋ごと置くなど、一時置きの指定席にするのです（写真上）。

調理の際に時間があれば、下ごしらえして密閉容器で保存を（写真下）。

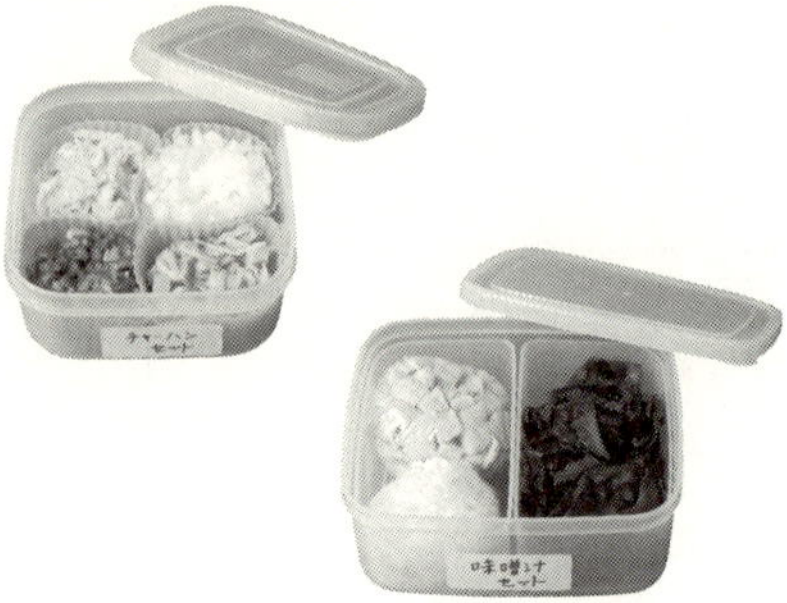

◇チルド室

プラカゴで仕切って、**食材ごとにまとめて収納**をしましょう。肉や魚は、買ったときのトレイから出して、ラップに包みます（写真上）。

消費期限の書かれたシールは捨てずに残しておくことが大切です（写真下）。

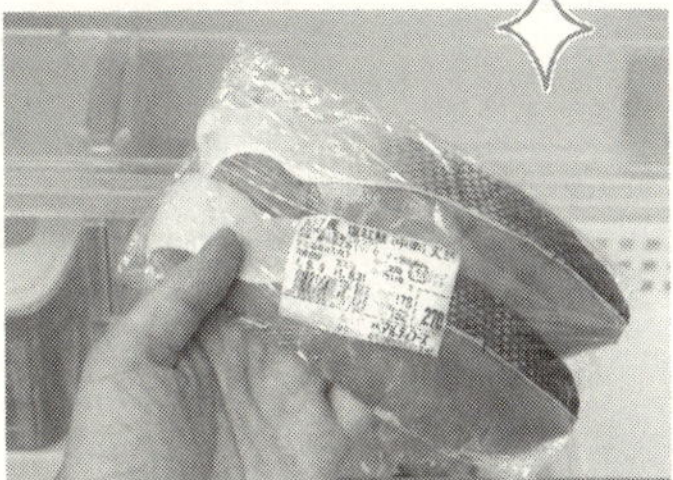

ドアポケット

調味料（ビン類、ボトル類）や牛乳などの紙パック、ペットボトルを収納するドアポケット。大小さまざまなモノを散らかさない秘訣は、**できるだけ大きさを揃えること、上手にスペースを区切ること**です。

賞味期限を忘れがちな卵には、油性ペンで1個ずつに日付を書いておきます（写真上）。調味料やドレッシング、ポン酢なども、キャップに油性ペンで賞味期限の日付を書いておきましょう（写真下）。

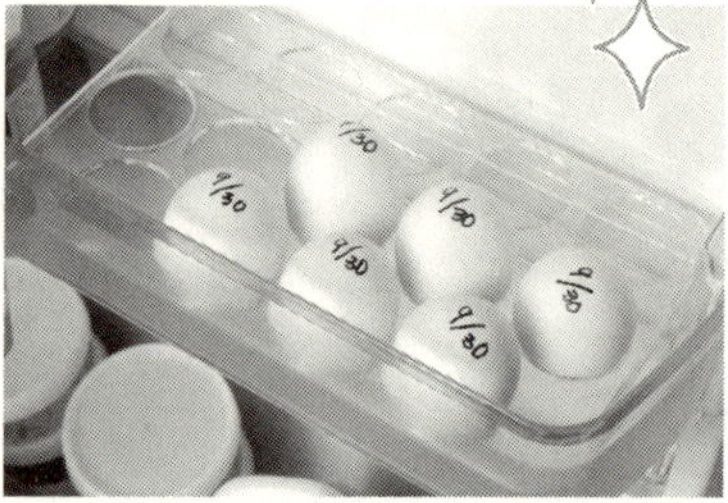

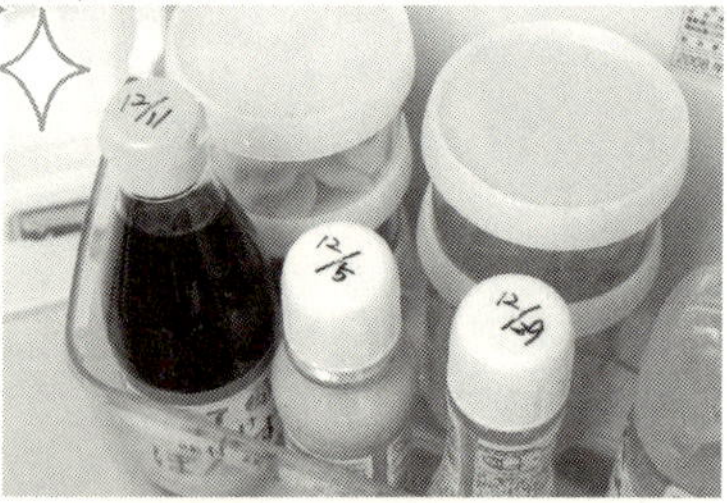

ほかのモノと紛れやすいチューブ類。専用クリップの裏に粘着ミニフックを貼りつけて、ドアポケット上段にかければ、もう使っても迷子になりません。かけるときは、賞味期限が見える向きにしましょう（写真）。

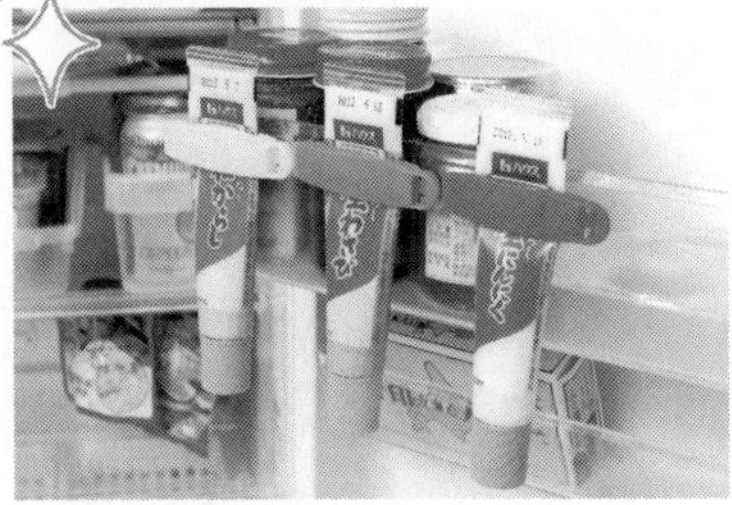

マヨネーズやケチャップは、マヨネーズラックに入れて、立てて収納します（写真上）。このマヨネーズラックは100円ショップで購入可。キャップを下にして立てておけるので、中身を最後まで使い切ることができます。

袋入りの漬物類は、スタッキングできる容器に入れて、ドアポケット下段に（写真下）。重ねられて、取り出しやすいので、ドアポケットの高さを有効に使えます。

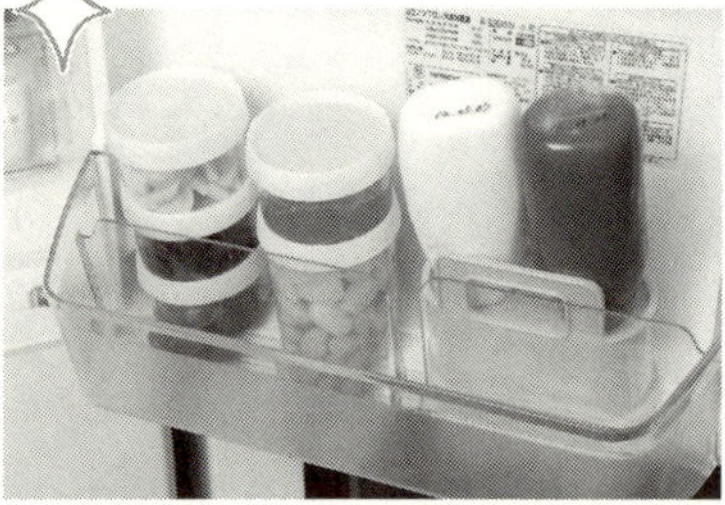

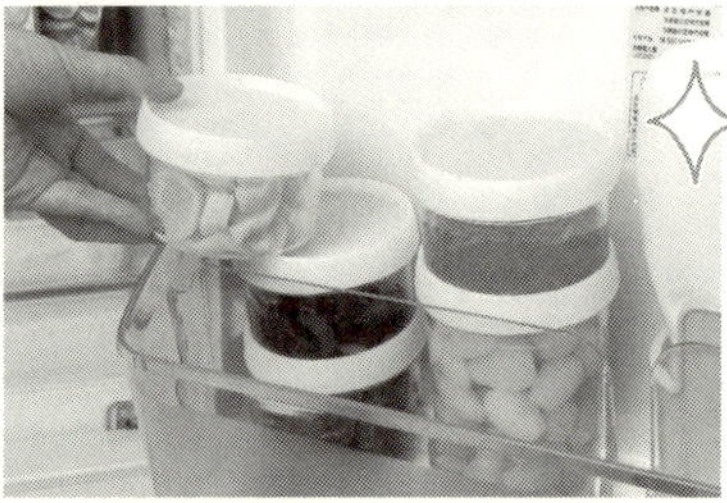

✧ 野菜室

買った野菜を上から重ねがちなので、下にある食材がわかりづらくなる野菜室。

ここも、**「仕切る」＆「分ける」をポイントに整理**すると、出し入れしやすい空間に仕上がります。

野菜は、収穫前と同じ状態で保存するのがベスト。野菜室用プラカゴ（写真）を使えば、ひとつひとつ立てて収納できます。２個以上を組み合わせて使うこともできるので、野菜室のレイアウトを自由に考えてみましょう。野菜用プラカゴは、１００円ショップなどで購入可。

まずは野菜室用プラカゴや密閉容器を使って、室内全体を仕切ります（P25に写真あり）。

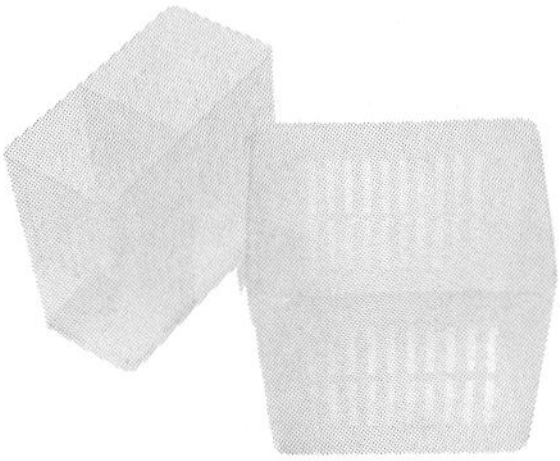

キュウリ、ナス、ニンジンなどは、野菜室用プラカゴに立てて収納を。ネギは切って、高さを揃えましょう（写真）。

ショウガは、水を張った密閉容器に入れると、鮮度を損なわずに保存できます。あまったモヤシも、ひたひたになるくらいの水を入れて密閉容器に。早めに使い切るようにしましょう。

✧ 冷凍室

深さがあるため、たくさんの食材を詰め込みがちになる冷凍庫。凍ったモノが互いに冷やし合うので、モノがいっぱいのほうが理想的ですが、中身がわからなくなるのは問題です。**縦型収納を心がけて、**使いやすい空間にしましょう。

冷凍室上段は、手前に、よく食べるアイスなどをサイズを揃えて並べます（写真）。

持ち帰りのケーキなどについてくる保冷剤は、使うシーンを考えて、必要な量（平均7〜8個）にしぼります。プラカゴに入れて、縦型収納を。

深さのある冷凍室下段は、食材を重ねるとNG。食材を密封できるストックバッグに詰め替えて、横に寝かせて冷凍し、固まったら縦型に立てて収納します。ブックスタンドで空間を仕切ると、うまく縦型収納できます（写真上）。

つくりおきのカレーやトマトソースなどは密封できるストックバッグに入れて、シールを貼ったダブルクリップを留めます。

かさばりやすい市販の冷凍食品は、パッケージやトレイから出して、密封できるストックバッグに移し替えます（写真下）。商品名を切り取って一緒に入れれば、中身がひと目でわかります。

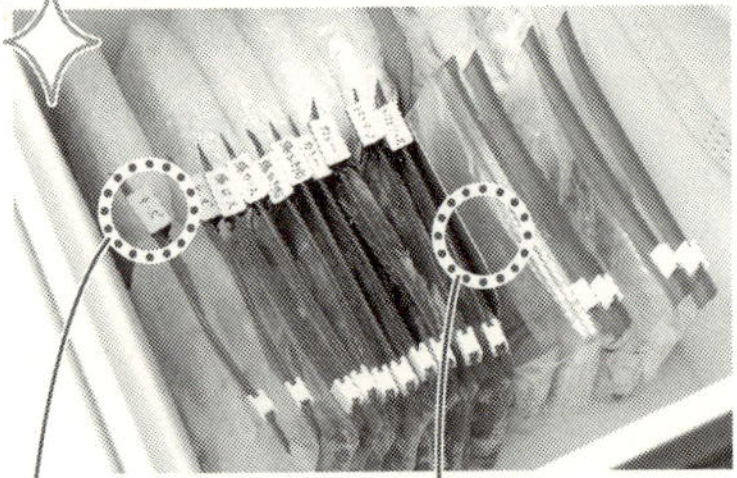

冷蔵庫をいつも美しく保つコツ

- □ 冷蔵室は〝スッキリ〟を心がける
- □ 賞味期限（消費期限）の近い食材や使いかけの食材は、手前（目立つ場所）に置く
- □ こまごましたモノは、容器にまとめて入れる
- □ ひとつの料理に使う複数の食材は、近くにまとめる
- □ 冷凍室はなるべく〝ギッシリ〟を心がける
- □ 冷凍食品は横に寝かせて冷凍し、固まったら縦型に収納する

キレイな冷蔵庫は
清潔感にあふれていて
楽しくなりますよ♪

押入れ編

着たい服が、すぐに見つからない……
布団が入らず残念な押入れのお悩み解決！

3軒目のご相談者は、東京都のTさん。賃貸マンションの1LDKにひとり暮らしをされています。

「服が大好きで、気に入ったらすぐに買っています。だけど整理は苦手だから、押入れのなかがグチャグチャに散らかっているんです。いつも着たい服が見つからなくて困っています」

そんなTさんのおうちの押入れには、服や小物があふれんばかり。これでは、どこに何があるのかわからないようで……。

「服もバッグも帽子も、使ったら押入れに放り込んでいます。ダメだとは思いつつも、毎回きれいにするのは面倒なので……。布団が外に出しっぱなしになっているのが、いちばんの悩み。どうにか押入れに収納できないでしょうか？」

フスマをあけたら、なだれが！　こんな状態、服がかわいそうですよ……。

押入れがみるみる片づく！

1・2・3の魔法

そんな押入れのお悩みを解決するため、キッチンや冷蔵庫の大改造のときと同様に、3段階に分けて考えていきます。

1 出す

まずは、押入れの天袋、上段、下段から、すべてのモノを出します。

ハンガーにかかったモノはハンガーから外し、トップス、ワンピース、スカート……と種類別にまとめます。

すると、Tさんの押入れから出てきたのは、ジーパン、トップス、ジャケットの山、山、山！　ひしめきあうバッグたちと、とぐろを巻くベルトたち。フリマ何回するつもりなんですか！　こんなにあっても、体はひとつ。合わせる服によって使い分けるとしても、多すぎるでしょ……という量でした。

2 分ける

次に、「使っているモノ」と「1年以上使っていないモノ」に分けます。

サイズは合わないけど、いつか着られるかも？　という服などは、使っていないモノとして分別。ここで分別した「1年以上使っていないモノ」は、だれかに譲る、売る、寄付するなどします。

3 しまう

②で分別した「使っているモノ」だけを収納していきます。

押入れ上段

大量の服で埋もれていた上段をスッキリ見せるには、**空間を仕切ることが大切です。**
よく着る服は手前にかけて、あまり着ていない服は奥のカラボに収納（P17に写真あり）。小物類はプラカゴで分類したり、壁に吊るしたりします。

たたむと小さくなるキャミソール類は、プラカゴを入れて3段に重ねると、より多くの枚数を収納できます（写真上）。

カラボの上のすきまにプラカゴを置き、スパッツ類を小さくたたんで収めます（写真下）。

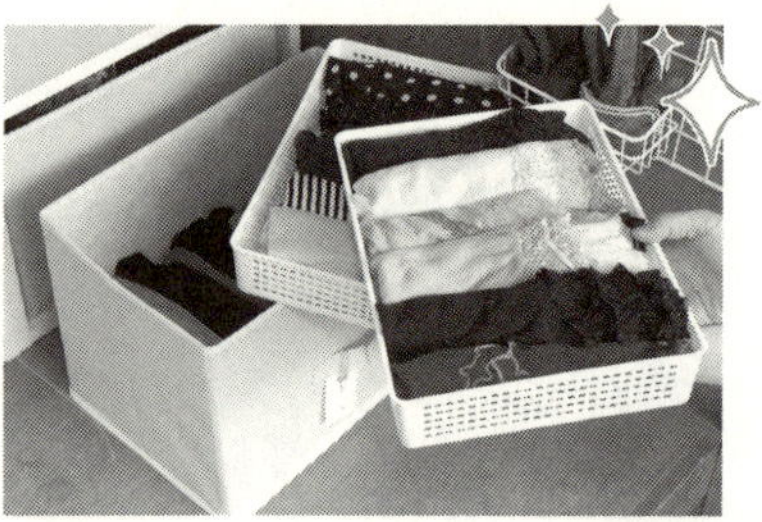

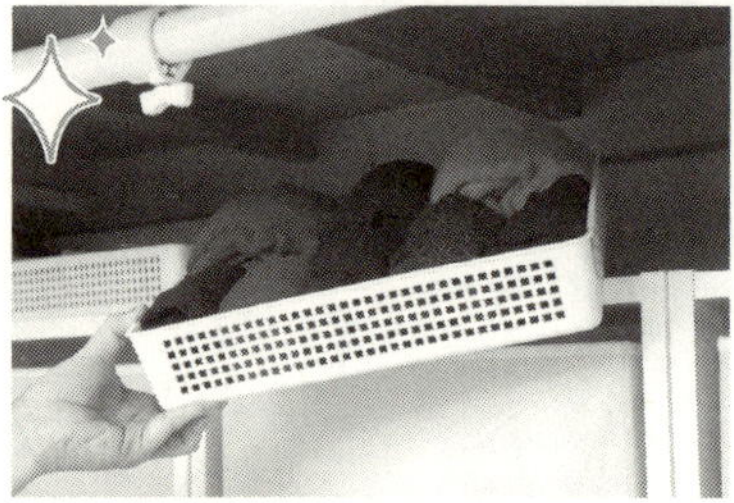

ベルトは必要な数を厳選し、丸めたときの大きさに合わせて仕切り板で区切って収納します（写真）。ぐちゃぐちゃだったのに、見違えるほど美しく、取り出しやすくなります。

仕切り板は、100円ショップなどで購入可。引き出しや浅いプラカゴを細かく区切るのに重宝します。サイズが豊富で、いろんな引き出しやカゴに合わせて、カンタンにカットできてぴったり調節できます。2本以上をクロスして使います。

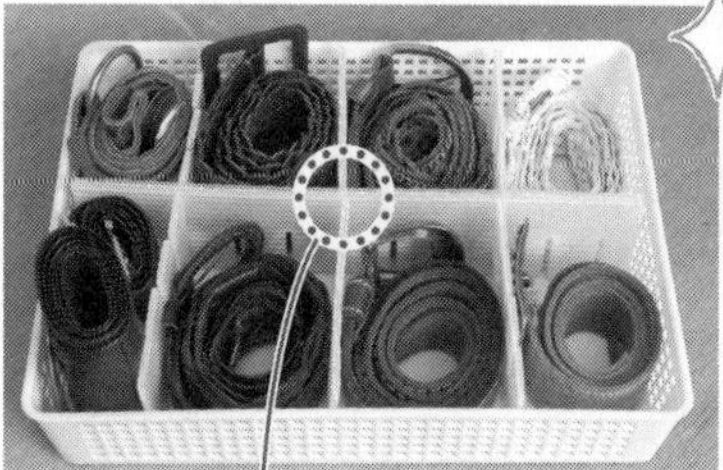

✦仕切り板

押入れ下段

幅と奥行きと高さをきちんと測り、収納ケースをうまく前後に並べて再利用。山になっていた服をオンシーズン、オフシーズン別に収納します。

Tさんのお悩みだった布団が入るスペースも生まれて（写真上）、使い勝手の良いスペースに変身！　スノコを置くと、通気性が良くなり、布団にほこりがつくのも防げます（写真下）。

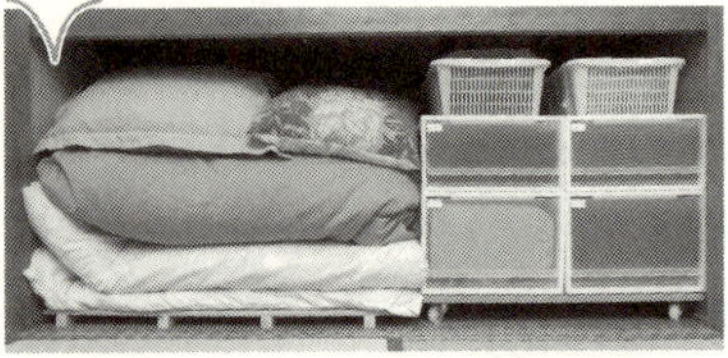

スノコの奥に2段カラボ2個を並べて配置し、シーツや毛布を収納（写真上）。モノが増えることも考えて、カラボ下段はあえて空けておきます。収納ケースには、ラベルシールを貼り、中身を明記します（写真下）。ラベリングすることで、中身がひと目でわかり、もとの位置に戻す習慣がつきます。

ラベルシールは、100円ショップなどで購入可。きれいにはがせるので、引き出しの中身が変わっても変更しやすいです。多種のサイズが揃っているので、適度に目立つ大きさのモノを選んでみましょう。

奥には、2段重ねの収納ケースをもう1組置きました（左頁の写真右下）。ここには、オフシーズンの服を収納します。衣替えのときは、収納ケースごと前後を入れ替えるだけ！　キャスターつきの収納ケースなら、移動がラクチンです。

収納ケースの上にはプラカゴを置き、ニット帽やマフラー、レギンスなど冬モノの小物を入れます（写真左下）。奥のプラカゴには、麦わら帽やストールなど夏モノを。

やや上級者向けになりますが、**収納ケースにキャスターをつけて可動式に変身させるテクニック**を紹介します。

▼**材料**

・収納ケース　2個

・MDF（木の繊維でできたボード）　1枚

※ホームセンターで購入可。収納ケース2個分の横幅と1個分の奥行きに合わせて、購入したホームセンターでカットしておく

・キャスター　4個
・キャスター用ネジ　16本
・結束バンド　4本

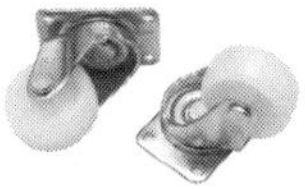

▼**つくり方**

①収納ケースとMDFの四隅に電動ドリルで穴を開ける

②MDFの四隅に、ネジでキャスターを取りつける（キャスター1個につきネジ4本使用）

③収納ケースとMDFの四隅を、結束バンドで結んでつないだら、できあがり！

✧天袋

背丈よりも高い位置にあって使いづらく、モノが散乱していた天袋も、**高さの揃った収納ケースを置けば、キレイに整理できます**（写真）。あまり使わないバッグや、大きな箱などかさばるモノ、思い出品などの収納にピッタリです。

Tさんの押入れの奥に隠れていた収納ケースを再利用。ラベリングも忘れずに。

押入れをいつも美しく保つコツ

- □ 各アイテムごとの〝住所〟を決め、それを守る
- □ 脱いだ服は、一時置き場以外に混ぜない
- □ 決めた数量以上の服を持たないようにする
- □ 新しい服を買ったら、同じ数の古い服を手放す
- □ 使う頻度の高い服を優先して、手前に収納
- □ 70～80%収納を心がける

スッキリした
気持ちいい空間を
キープして、
おしゃれを楽しんで！

Column

コジマジックは見た！ 買いだめしすぎる人たち

どんだけトマト好きなんですか⁉


ある相談主のお宅に、撮影でおじゃましたときのこと。

キッチンからトマト缶が6個も出てきました。

さらにリビングでもトマト缶を発見。

そして、なぜか寝室からもトマト缶が。

なんと家中から合計20個も出てきたんです！

しかも半数は賞味期限切れ。

実はそのお宅の奥さん、スーパーでいつもは1缶148円のところが特売で89円になっているのを見ると、必ず買ってしまうのだとか。

その無意識買いの結果がこれというわけです。

それにしても……どんだけストックするんですか！（笑）

オイルショックか！

別のお宅では、撮影中にトイレを借りようとドアを開けたらびっくり！　便座の横までトイレットペーパーが山のように積んであったんです。

ここの奥さんも、「安いとつい買ってしまう」タイプで、「なくなると不安だから」と言うのですが……。ちなみにコンビニは家の目の前にあるそうです。

謎のダンボール箱の中身は……？

押入れの天袋に、謎のダンボールが置いてあるお宅も多いです。

何が入っているのか尋ねても、本人すら「？？？」状態。しまいこんだままで、中身を忘れてしまっているんです。

あけてみると、思いもよらないモノが出てきますよ。

たとえば、ホテルから持ち帰ったアメニティの使い捨てスリッパを大量に保管しているお宅もありました。「なぜこんなに？」と聞いたら、「お客さんに新しいスリッパを出してあげたいから」。

だけど、撮影でおじゃましているぼくや取材スタッフの足元は裸足のまま……。
いろんなことを忘れていますよ！

いやはや、みなさん、
いろんなモノを買いだめしていますね～。
買ったときは安心するかもしれませんが、
二度買いは、時間&お金のムダですよ！

Part 2

美しく、出し入れしやすく、使いやすい！

場所別　収納テクニック

きれいに見えて服が取り出しやすい！クローゼット収納の絶対ルール

気を抜くと、モノがぐちゃぐちゃになってしまうクローゼット。

今回は夫婦2人の場合を基本に紹介します（イラストでは、向かって右に紳士服、左に婦人服をかけています）。

いちばん重要！　まずは幅、奥行き、高さを採寸

使いやすく、美しく収納するためのいちばんの基本は「採寸」です。
スケールを使ってミリ単位で、
a＝扉を開けたときの幅
b＝クローゼットの内側の幅（内寸）

c＝奥行き
d・e＝高さ
などを測ります。何をどこに入れるかイメージしてから収納グッズを選びましょう。

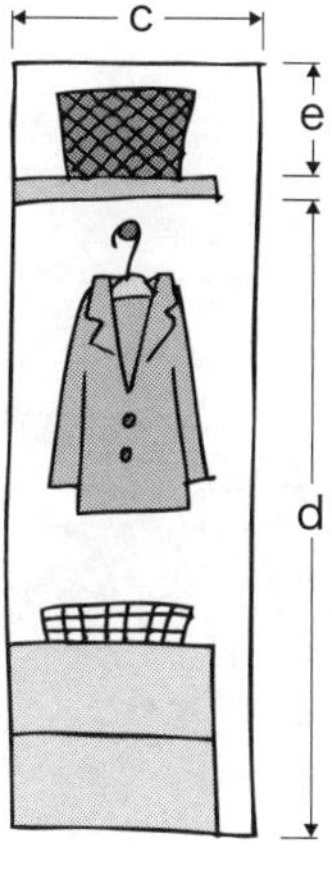

✧ 洋服の着丈を種類別に揃える

まずは**中央部分に、オンシーズンの毎日着る洋服を収納すること**がポイントです。

また、側面にいくほど着丈（すそまでの長さ）が長くなるよう、コート、ジャケット、ブラウス……と種類別に洋服を並べます。

中央にいちばん短いモノ、端に長いモノ、といった具合。こうすれば、すその下にできた階段状の空間を新しい収納スペースとして活かせます。

さらに、ハンガーの素材や形、方向を揃えると、見た目が整ってスッキリした印象に。コート、ジャケット、ブラウス……といった種類ごとの間仕切りとして防虫剤をかければ、ひと目で見わけがつき、きちんと種類別に分ける習慣がつきます。

◇カラーチェーン＋S字フックで、よく使うバッグの収納場所を

最初に測った、扉を開けたときの幅（a）から、オンシーズンに必要な服の量を割り出して、服をかけていきます。

服が取り出しにくい、扉の後ろ部分には、カラーチェーン＋S字フックをつけて、よく使うバッグをひとつずつかけます。バッグの型崩れを防ぐことができ、取り出すのもカンタン。

✧側面にネクタイをかける

右端にできたスペースを活かして、側面に強力両面テープで木製ディッシュスタンド（横にした状態）を取りつけます。突き出た棒がフックとなり、からまりやすいネクタイを1本ずつかけることができます。

ほかにも、ネックレスやブレスレット、ベルトなど、細長いアイテムの収納にぴったり。

✧ オン／オフ別に服を収納する

2段カラボを前後に2つ並べて（手前のカラボは背板を抜く）、不織布インナーボックスを入れ、たたんだ服を立てて収納します。インナーボックスの色を、秋冬モノは茶色、春夏モノは白、といったように色分けするとわかりやすくなります。

手前にオンシーズン、奥にオフシーズンの服を。衣替えは、前後のボックスを入れ替えるだけ。これは1章の押入れ編で紹介したテクニックと、同様のアイデアですね。

奥行きのある衣装ケースなら、ブックスタンドでオンとオフを区切ってもOK。

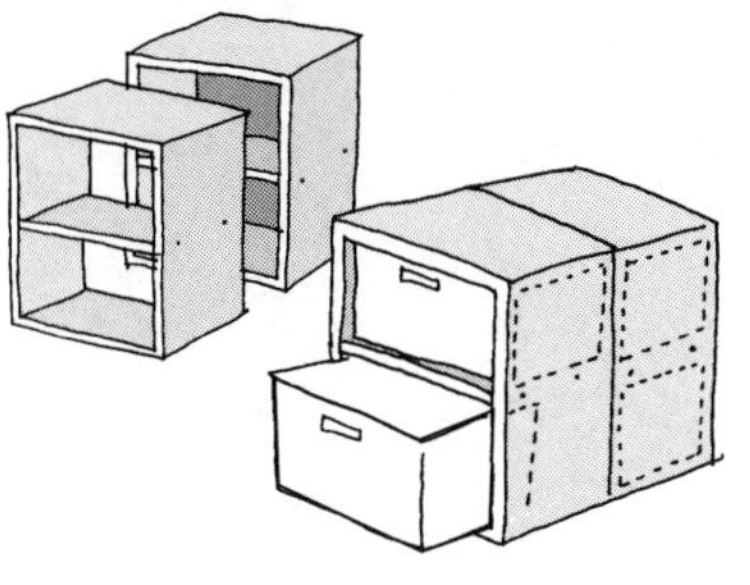

ポイントは、自分から見て〝縦型〟

服を引き出しの前から後ろに並べて収納していくと、引き出しを全開にしないと奥が見えず、使いづらいものです。

必ず、自分から見て縦型に並べましょう。

ブラウスなどやわらかい素材のモノは、A４サイズの書類ケースに入れると、収まりが良くなります。

✧カラボの上を有効活用

服とカラボとのあいだのエリアも、ムダなく活用します。

そのまま空けていると、ついモノを一時置きしてしまいがちなので、散らかしを防ぐためにもプラカゴを置いておきます。1章の押入れ編で紹介したように、丸めたベルトなどの小物を収納すれば、スッキリ見えて使いやすいです。

前後に並べるときは、結束バンドで連結して、手前にオンシーズン、奥にオフシーズンのモノを入れるのが鉄則です。

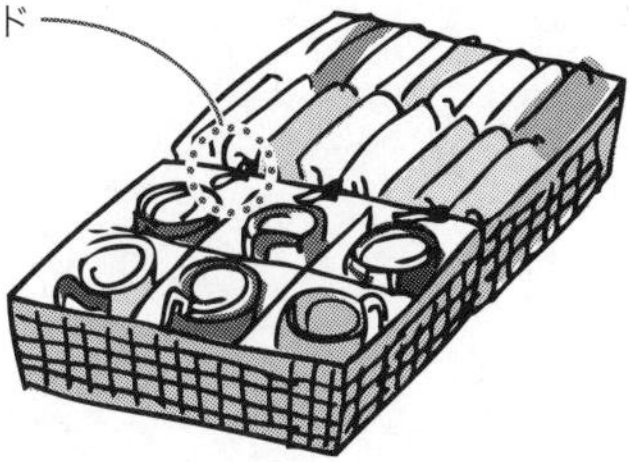

◇スーツケースを活用してオフシーズンのレジャーグッズを

場所をとるスーツケースは、ただ置いているだけではスペースがもったいない！収納スペースとして賢く利用し、オフシーズンのレジャーグッズなどをまとめて収納します。夏モノなら水着、ビーチサンダル、浮き輪など。冬モノならスノボやスキーウエア、グローブなど。ひとつにまとめておけば、探す手間がはぶけます。

◇頭上の棚にはカゴを置く

頭上の棚はあまり視界に入らないので、何を置いたのか忘れやすいところ。直接モノを載せるのではなく、扉をあけたときの幅（＝最初に測ったa）に合わせてカゴを並べて、空間を仕切ります。いちばん取り出しやすい中央の位置に、よく使うモノ（ふだん使いのバッグなど）を置きます。

また、左右のカゴには、大切だけどあまり使わないモノを置きます。バッグならパーティ用、オフシーズン用など。

クローゼットにかぎらず、両びらきの扉の場合は、よく使うモノを中央に、あまり使わないモノを端のほうに、と覚えましょう。

◇ 奥のデッドスペースにフォーマルウエアを

紳士服をかけるのに必要な奥行きは平均55㎝、婦人服は平均45㎝なので、クローゼットの奥行きによっては、奥にデッドスペースができることが多いです。

ここに、使う頻度の低いフォーマルスーツやパーティードレスなどをかけて、空間をムダなく使いましょう。

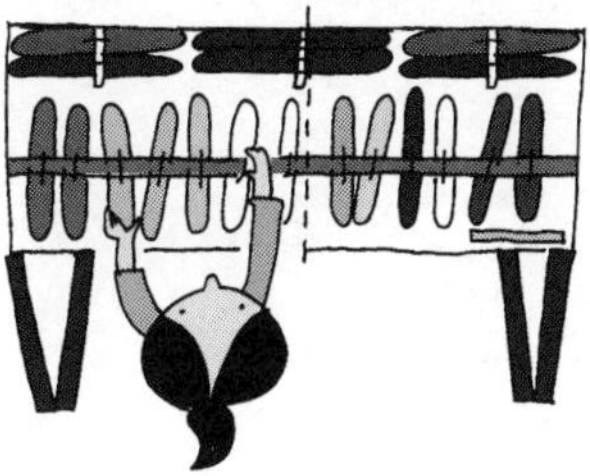

クローゼットを真上から見た図

リビング編

モノを増やさずスッキリをキープ！くつろげるリビングのつくり方

家族がくつろぐ空間であり、ときにお客さんを迎える場所でもあるリビングは、いつもきれいにしておきたいものです。視界に入る場所にモノを増やさない工夫をすれば、スッキリ見えます。場所別ルールをつくりましょう。

あえて目立つ場所に一時置き

外出から戻って着替えた服やバッグをそれぞれの住所に戻すのが面倒なとき、ソファの上などに放置してしまいがちです。

あえて、いちばん目立つ壁を一時置き場用スペースにすれば、いつも目に入るので、落ち着いたときにすぐ片づけることができます。ただし、あくまでも一時置き場なので、置きっぱなしにしないように気をつけて。

✧リモコンは、いつも座る場所の近くに

探しモノの代表であるリモコン。テレビのすぐ近くに置いているおうちも見かけますが、**自分や家族がいつも座っている位置の近く**を住所にするのが正解です。

たとえば、壁ぎわのソファに座ることが多いなら、その近くの柱とリモコンの両方に粘着面ファスナーを貼り、リモコンを柱に取りつけます。

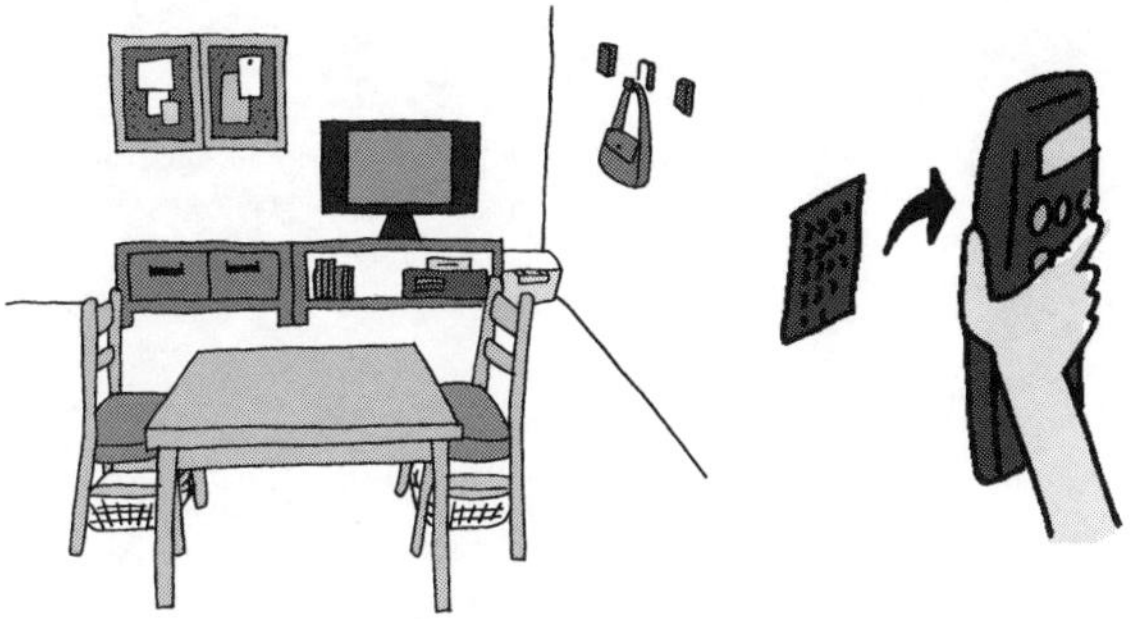

✧カンタンDIYで〝隠せるコルクボード〟を

コルクボード2個を蝶番《ちょうつがい》でつなぐと、開閉式ボードに変身。閉じたときの外側には、お気に入りの写真やポストカードを、内側には、雑多になりやすいメモや割引券などを貼ります。ふだんはひらいたまま実用的に活用して、来客時にはボードを閉じて隠して、と2通りの使い方ができるのです。

ボードの枠に粘着ファスナーを貼ると、ぴったり閉まります。

◇ テーブル裏が収納スペースに変身

テーブル裏は目につきにくいので、隠れた収納スペースになります。

平ゴム2本を画びょうで留め、ティッシュの箱を下向きに挟むと、ティッシュ置き場のできあがり。ティッシュも最後まで使いやすくなります。

読みかけの新聞などは、粘着式タオルかけ2本を貼りつけて、間に挟みます。

生活感のあるアイテムをテーブルの上でなく裏に収納することで、一気にスッキリしますよ。

✧DVDやCDは数を厳選

「10枚だけ」などと数をしぼって、お気に入りの作品や、新しく買った作品などを厳選し、あえて見せる収納にします。タイトルが見えるよう、必ず縦置きに。

✧配線コードを隠す収納術

からまりやすい配線コードは、プラカゴや箱に隠します。持ち手の穴からコードを出せば、見違えるようにスッキリ。電気を帯びたコードはほこりを集めやすいですが、**箱を裏返すかフタをすれば、ほこり防止になります。**箱を持ち上げるだけで、こまめに掃除できます。

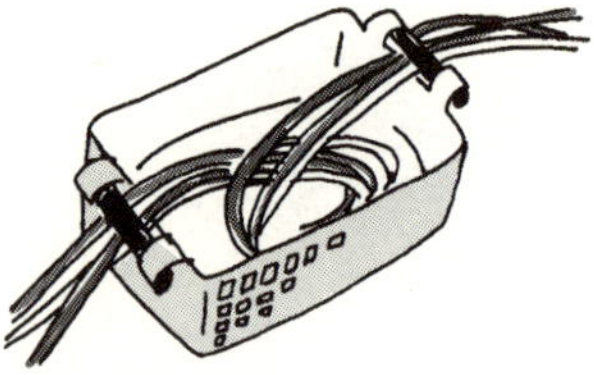

✧ 思い出アイテムはデータ化

増える一方の写真は、データ化するほうがより多くの枚数を長く保存できます。子どもの制作物も、完成したらすぐ撮影してデータで管理。お子さんと制作物を一緒に撮影すれば、何歳くらいのときにつくった作品なのかも記録できます。

✧ 椅子の下も、実は重宝するスペース

イラストのような形の椅子の場合、両脚にS字フックをかけてプラカゴを固定します。床に散らかりがちなオモチャなどは、ここを住所にしましょう。子どもの目線に近い高さに住所を決めると、子どもにも片づけの習慣がつきます。

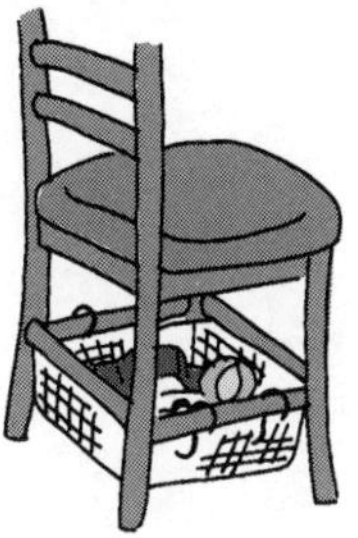

Column

コジマジックは見た！おかしすぎる場所にしまう人たち

なんで食べ物と混ぜるの？

片づけが苦手な人は、ヘンな場所にモノを置くクセがあるようです。

あるキッチンの棚には、食べ物や洗剤など、いろんな種類のモノが大量に詰まっていました。分別が難しいのか、カップラーメンや乾麺などの食品の横に、殺虫剤が置かれていて。

どうして一緒に置くのかと聞いたら、平然と「え？　だって、ここは〝ストック〟用の棚だし」と……。

それはそうなんですが……。

食べものの横に殺虫剤があるの、イヤじゃないですか？

そこに置くの、ヘンでしょ！

別のお宅では、キッチンのつり戸棚のなかに小説やマンガが入っていました。どうやら自分の部屋からあふれた本を、「ちょうど良いスペースがあったから」と移したんだとか。

もうひとつ、ワンルームに住む若い女性のお話。

玄関を入ってすぐのところにキッチンがある間取りなんですが、シンク下の棚に靴が入っていました。

「下駄箱に靴が収まりきらなかったし、玄関に近いから」というのが本人の言い分。う～ん、料理をするための場所に本や靴を置くって……ヘンだと思いません？

ぼくには理解できません～

ある寝室の押入れの天袋に、ホットプレートが入っていたこともありましたよ。食卓で使うものだから、本来はキッチンやダイニングに収納するのが正しいはずなのに、「置く場所がなくて」と奥さん。

使いづらくないかと聞けば、真顔で「そうなんです。毎回、寝室に取りに行って
ステップ台に乗って天袋から取り出すのがおっくうで」と。
寝室に置くのが当たり前になってしまうと、自分ではなかなか気づかないものなんですね。

「空いていたスペースにとりあえず置く」という無意識派と、「不便だけど、ほかに場所がなくて置いてしまう」という罪悪感派がいるようですが、どちらもナシです！

Part 3

基本は３つのステップ！

リバウンドしない
快適ライフへの道

部屋が散らかってしまうのは、どうして？

✧ それはずばり、モノが多すぎるから！

部屋が散らかる原因は、ずばり、モノの多さにあります。
家じゅうにあるアイテム数を数えてみたら、意外に多いもの。
たとえば、Tシャツは何枚ありますか？
バスタオルは？
グラスは？
トイレットペーパーの買い置きは？
そう聞かれて即答できる人は、ほとんどいないはずです。
そこに「安くなっていたから」「新商品だから」「ひとめぼれしたから」といった理

由でなんとなく購入していると、いつのまにかどんどんモノが増えていきます。

あなたも当てはまるものがありませんか？

□まわりの人が持っているモノを欲しくなる
□無料のモノを何でももらってしまう
□流行を追ってモノを買ってしまう
□お得だからとセール品を買ってしまう
□「期間限定」「数量限定」に弱い

✧部屋にモノが多すぎると、片づくはずがない

さらに、「いつか使うかも」と紙袋やレジ袋を取っておいたり、「いつかまた着られるはず」と体型に合わなくなった服を残しておいたりしていませんか？

その「いつか」は、いつくるのでしょう？

モノを手放さない一方で、モノを追加していたら、**家のなかは大量のモノであふれてしまい、きれいに片づくはずがありません。**

モノを捨てられない理由として、よく聞くのは、

□「モノを大切に」と教わって育ったから
□壊れていないから（まだ使える家電製品など）
□割れたり欠けたりしていないから（カップだけ割れて残ったソーサーなど）

□手放すと悪いことが起きそうでこわいから（ぬいぐるみや人形など）
□買ったときの値段がとても高かったから
□○○さん（目上の人や友人など）にいただいたモノだから
□小さくて邪魔にならないモノだから
□思い出のモノだから
□手放す方法（分別方法）がわからないから　……など。

もったいない精神がアダになっているのかもしれませんね。

でも、**モノを大切にする**ということは、使わずに残しておくことではなく、**必要な場面でちゃんと使ってあげる**ことですよ。

部屋をきれいにキープするための3つのステップ

✧まずは「整理」「収納」で土台づくり

部屋が散らかってしまう理由は、モノが多いだけではなく、片づけの基本を間違えているからです。

部屋をきれいに保つには、「A．整理」「B．収納」「C．整とん」の3つのステップを追うことが基本です。

A 整理

使っているモノと使っていないモノを区別する。
自分に必要なモノの量を決める。
使っていないモノを減らす（手放す、だれかに譲る、売る、寄付するなど）。

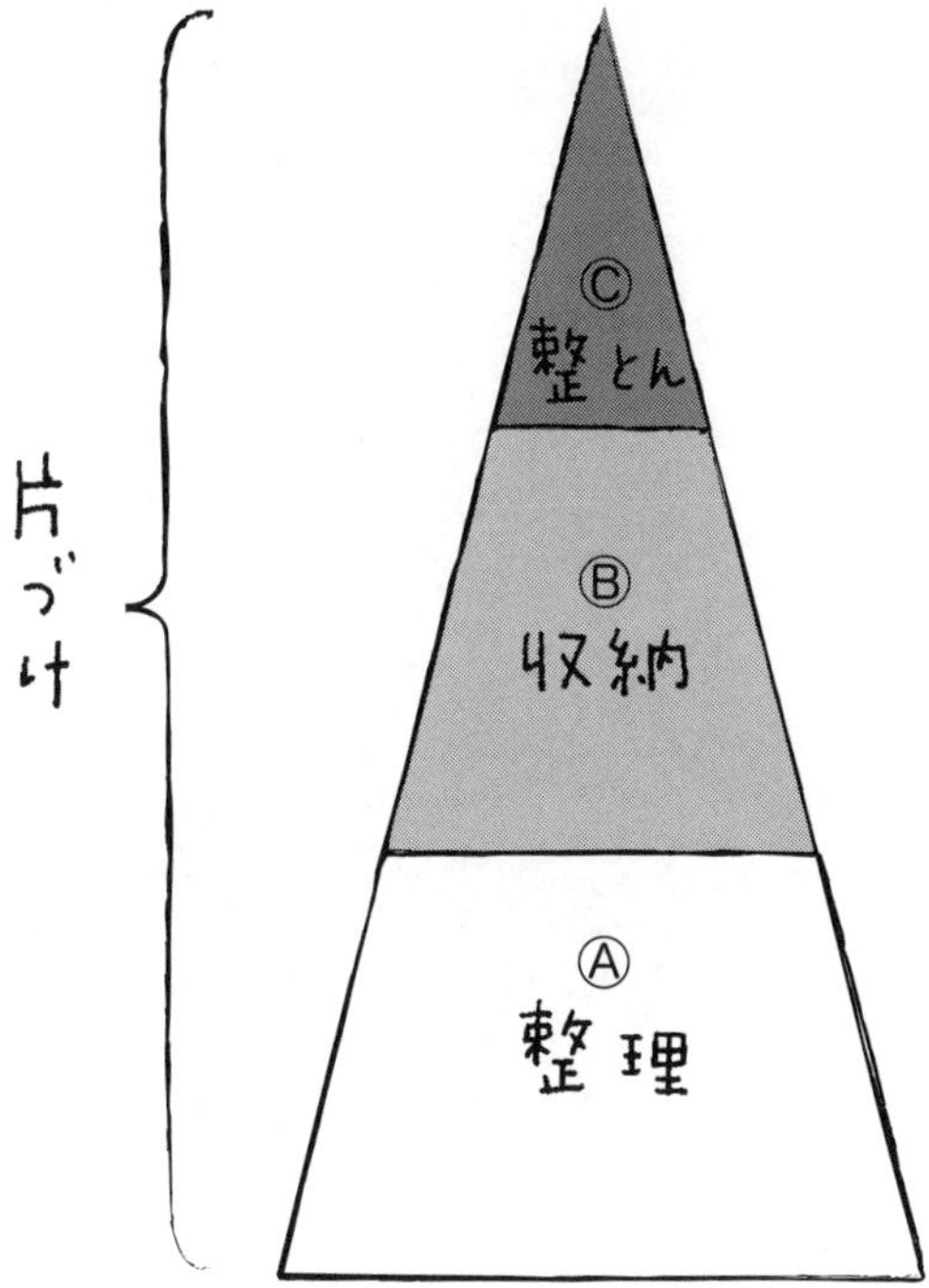

片づけ
Ⓒ
整とん
Ⓑ
収納
Ⓐ
整理

1章で実践した「①出す」「②分ける」作業は、ここにあたります。

B 収納

自分や家族にとって使いやすく、かつ戻しやすい場所を決めて収める。より使いやすいように寸法を測って細かく区切るなど、工夫をする。

1章で実践した「③しまう」作業は、ここにあたります。

C 整とん

部屋のインテリアを考えて、モノの色や素材、デザインなどを揃える。見栄えよく配置して、見た目を揃える。

ぼくやスタッフたちは、このA〜Cの3ステップの総称を「片づけ」と呼んでいます。

片づけにおける作業量としては、「A．整理」がいちばん多いです。

そもそも片づけという言葉には「使ったモノをもとの場所に戻す」という意味があります。つまり、片づけるためには、**前もってモノの置き場所を決めておく**（＝「B．収納」）必要があるのです。

仮に、使わない食器が多すぎてキッチンに入りきらず、クローゼットの奥に隠したとします。パッと見はきれいでも、大掃除のときにまた困ることになりますよね。そうならないための具体的なコツについては、次頁から紹介していきます。

部屋をきれいにするためには、何よりもまず、「C．整とん」の土台となる「A．整理」と「B．収納」が必要なのです。

これであなたの部屋も美しく！

片づけの5つのコツ

整理→収納→整とんの3ステップを実践するには、次の5つのコツが重要です。

その1

使っているモノ、使っていないモノに分ける

部屋にあるモノを全部出して、数量を自分の目で再確認し、使っているモノと使っていないモノに分ける。

その2

必要なモノの量を決める

自分や家族に必要な最低限の量はどれくらいか、アイテムごとに決めていく。

その3

使う頻度ごとにモノを分ける

毎日使うモノ、2〜3日に1回使うモノなど、
使う頻度ごとに分けていく。

その4

動線を考えてモノの収納ゾーンを決める

自分や家族の動きや、収納スペースの位置、高さを重視して、
それぞれの収納ゾーンを決める。

その5

モノの住所を決める

④で決めた収納ゾーンのうち、
さらに、それぞれのモノの置き場所を決める。

使っているモノ、使っていないモノに分ける

モノを全部出して、どれくらいの量があるかを知ろう

モノは、日常的にどんどん増えていきます。

目に見えない場所に収納しているままだと、モノの多さに気がつきませんが、全部出してみると、思っている以上の数量があるものなのです。

たとえば、あるひとり暮らしの女性のクローゼットには、秋冬モノのみでも、Tシャツ20枚、ブラウス7着、スカート7着、ジーンズなどのパンツ7着、ワンピース5着、カーディガンなどの羽織モノ4着、下着15セット、靴下15足……と、計95点が入っていました。

これに春夏モノを足すと、さらにものすごい量になります。

クローゼットひとつでこの量ですから、家じゅうには想像を絶するほどのモノがあるはずです。

さらに、季節ごとに新商品を購入していたら？

体型に合わない洋服や、壊れていないけれど古い家電を残したままでいたら？

もうおわかりですね。

美しい部屋をめざすために、**まずは「使っているモノ」「使っていないモノ」に区別することが重要**です。

◇「使っているモノ」「使っていないモノ」の2種類に分けよう

数年前までの考え方だと、まずは「いるモノ」「いらないモノ」で分ける方法がありました。でも、これはハードルが高いんです。

なぜなら、「いらないモノ」＝「捨てるモノ」と考えてしまうため、「捨てるモノ」に分別することに抵抗を感じてしまうんです。

そこで、**「捨てる」ことは意識せず「分ける」ことだけに集中します。**

ポイントは、**「いま使っているか、使っていないか」の現在形で考えること。**

「いつか使うかも」という未来形や、「高かったから」という過去形はＮＧです。

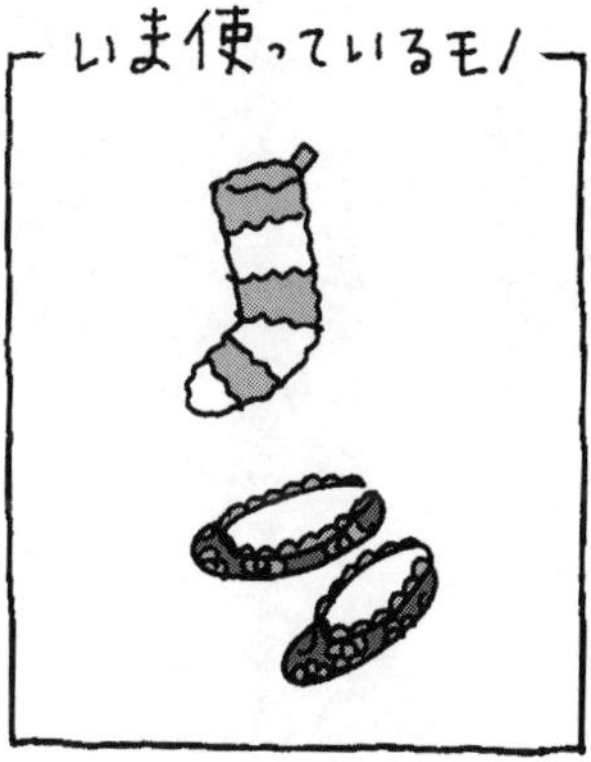
いま使っているモノ

いま使っていないモノ

5つのコツ その❷

必要なモノの量を決める

✧場所ごと、アイテムごとに見極めていく

家族構成や生活シーン、家のつくり、収納スペースの大きさによってまちまちですが、たとえば「Tシャツはシーズンごとに各100枚必要」なんてことは、まずありませんよね。生活タイプにもよりますが、せいぜい10〜15枚あれば、ワンシーズンのなかで着まわせるはず。

どんなモノが必要で、最低限どのくらいの量があれば良いのか。

これをきちんと見極めて、決めていくことが大切です。

✧ 収納スペースには〝詰め込みすぎない〟

まずはクローゼットや食器棚、冷蔵庫といった**収納スペースの大きさを第一に考えて**、どれくらいの数量を収納できるのか割り出しましょう。

そこに入る量しか持たないと決めたら、目につく場所にモノがあふれることがなくなります。

重要なのは、詰め込みすぎないこと。

収納スペースの大きさに対して、70〜80％にモノを入れることを目安に、余裕をもって収納しましょう。

✧賞味期限を書いて目につきやすい場所に置く

「使っているモノ」「使っていないモノ」で分けていくと、「手放せないけれど、もう使わないと思うモノ」も出てきます。

そういうときは、いさぎよく「使っていないモノ」に分別したうえで、ダンボール箱（名づけて〝優柔不ダンボール〟）を用意しましょう。

箱の外側に、

・中に入れたアイテム名
・収納した当日の日付
・その日から1年後の日付（＝モノの賞味期限）

を明記します。

こうすると、遅くとも3年後には、ほとんど手放せるようになります。

優柔不ダンボールは、部屋のはしっこや押入れの奥など、目に見えないような場所にしまいこんではNG。

生活のなかでいつも存在を意識することが大切なので、あえて玄関など目立つ場所に置きましょう。

遊びにきた友人に譲ったり、フリーマーケットで売ったり、賞味期限が過ぎたらボックス内を点検したりして、手放すきっかけがつくりやすくなります。

◇ 服 着ている服だけをオン／オフでキープ

「分ける」ための具体的な方法を、アイテム別に見ていきましょう。

まず、服。**オンシーズン、オフシーズンで、各アイテムが何着いるか**を見極めます。会社勤めなら通勤着としてブラウス5着、スカート5枚、スーツ3着、週末用にカジュアルワンピース3枚といったように、自分なりの量を決めて。

上着やTシャツは曜日ごとに変える、ボトムスは2〜3着をローテーションにする、など自分のルールをつくってみて、本当に必要な量を割り出しましょう。

雑貨 紙袋などは、使う分だけ残す

こまごました小物は数を把握しづらいもの。

とくに紙袋は、どんどん増えていく代表選手。棚のすきまに「とりあえず」のつもりで挟んだまま、というお宅も多いのでは？

サイズ別に、
・大……重いモノを運ぶ用に丈夫な紙袋
・中……人にモノを渡すとき用にかわいい紙袋
・小……ゴミ箱の代用に
各5枚、といった具合に枚数を決め、それ以上増えたら古い紙袋は手放しましょう。

食器 使っていないモノは手放す

フチが欠けている食器や趣味の合わない引き出物などを、食器棚の奥にしまい込ん

でしまったら最後。いつまでも使うチャンスはやってこないので、いさぎよく手放しましょう。

グラス、湯のみ、大皿、小皿、深皿、ご飯茶碗……などとアイテムごとに整理を。

書類 情報の古いモノはどんどん処分する

書類は「重要だから残しておこう」という心理が働くアイテム。気がつけばファイルがパンパンにふくらんでいることも多いことでしょう。

書類を増やさないコツは、**期限を決めて処分すること。**ＤＭなどは、受け取ったらなるべくその場で判断します。

雑誌 気に入った記事だけ切り抜く

雑誌もどんどんたまってしまうアイテムですが、丸ごと1冊分をとっておく必要はありません。自分に必要な記事だけを切り抜いてファイルしましょう。

古い雑誌を処分する目安は、次の号が出たタイミング（週刊誌なら週1、月刊誌なら月1）ですが、自分の感覚で決めてみてOKです。

✧ 本　本棚に入る数量だけ持つ

情報の賞味期限は短いものです。大きな本棚に図鑑が揃っている家庭もありますが、たいてい6割は読まない本。二度と読まないような本はリサイクルショップに売る、知人にあげるなどして手放しましょう。

いま読んでいる本しか持たないという究極の方法を実践している達人もいます！

使う頻度ごとにモノを分ける

5つのコツ　その❸

毎日使うモノを最優先！

整理したモノの収納を考えるときに大切なのは、それぞれのアイテムの使う頻度を考えること。収納下手な人は、あまり使わないモノを収納スペースにしまい込むので、毎日使うモノの置き場が見つからずに困ることが多いものです。

そのため、「そこにあるのかわからない」「すぐに使いたいのに見つからない」と探しモノばかりしてイライラしているわけです。

そこで、発想の転換。

毎日使うモノから優先して収納スペースに置いてみましょう。

左図のような要領で、使う頻度ごとの整理ができたら、「毎日使うモノ」から「週1で使うモノ」までを、「より使いやすく、かつ、しまいやすい場所」に収納していきます。

「月1」「年1」程度しか使わないモノは、奥のほうに収納しても構いません。使う頻度ごとに分類していくと「もう使わないと思うモノ」も出てきますが、これは〝優柔不ダンボール〟に入れましょう。

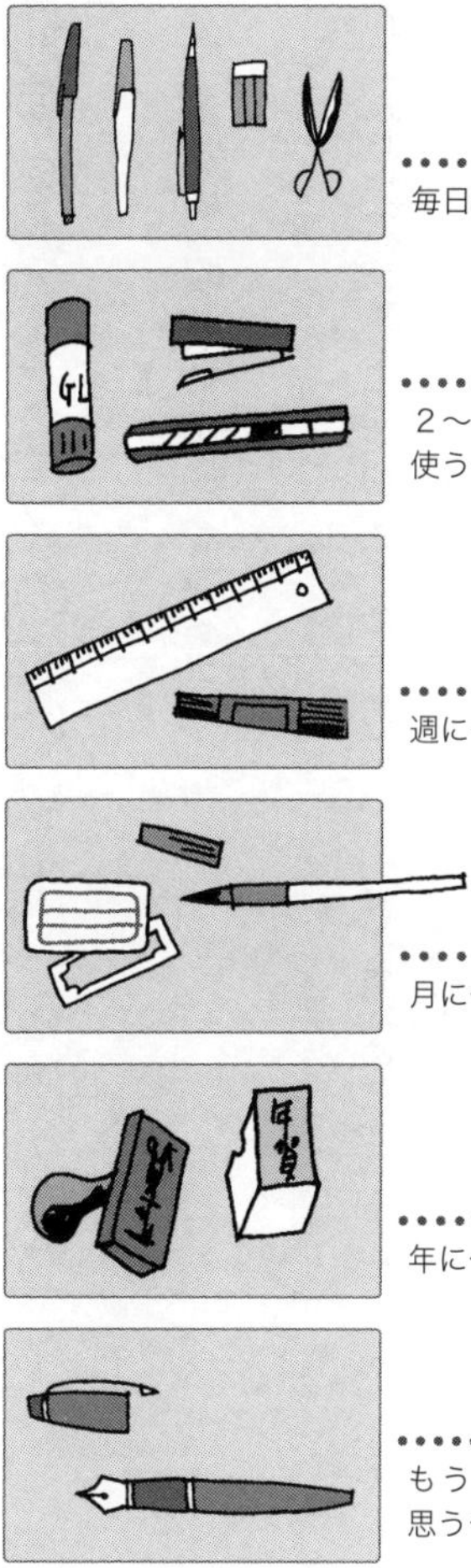

毎日使うモノ

2〜3日に一度使うモノ

週に一度使うモノ

月に一度使うモノ

年に一度使うモノ

もう使わないと思うモノ

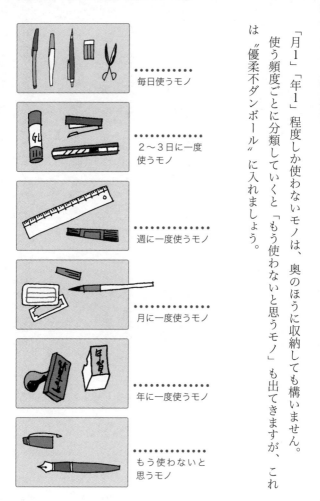

5つのコツ その④

動線を考えてモノの収納ゾーンを決める

◇まずは〝収納ゾーン〟を決める

モノの住所（定位置、指定席などとも呼びます）を細かく決める前に、まずは、**どのあたりに収納すると便利か考えて〝収納ゾーン〟を決めます。**

これができないと、モノがあちらこちらに分散して、使いにくくなります。

ワンルームでも、収納ゾーンを決めて、そこで使うものを集約します。

◇そのモノをどこで使うか意識する

家のなかで自分や家族がどのように動くか（行動動線）を考えて収納ゾーンを決めることも大切です。たとえば、ベランダから洗濯物を取り込んで、すぐ近くの場所にアイロンとアイロン台がセットで収納してあれば、とても便利に使えます。

使う場所を考えないで、「ただスペースが空いていたから置いた」では、ダメ。モノには使い勝手の良い場所、しまっておいても取り出しやすい場所があります。キッチングッズを洗面所に置かないように、用途に合わせて収納ゾーンを決めることが大切です。使うシチュエーション、ムダのない動線を加味して、決まった場所で管理をしましょう。

使う頻度ごとにモノをグループ分けしたら、それを**使いやすい場所に収納しておく**ことが大切です。たとえばリビングに観葉植物があるのに、きり吹きを玄関に置いていたら、水やりのたびにリビングと玄関を往復することに。

使いやすさを重視することは、ムダな動きをなくすことにつながるので、よく考えて場所を決めましょう。

✧ 出入り口のまわりにモノを置かない

出入り口は、自分や家族が1日に何度も通る場所。**行動動線が集まっている**ので、余計なモノを置かないようにしましょう。

たとえば買い物から帰ってとりあえず玄関に荷物を置いてしまうと、人が出入りするたびにモノを動かす必要があり、面倒くさいものです。

玄関に置いていいとしたら優柔不ダンボールだけですが、これも通路ではなく棚の上など、動線の邪魔にならない場所に限定しましょう。

5つのコツ その❺

モノの住所を決める

✧置き場を決める↓使う↓戻す。これを習慣に！

モノを使ったあと、どうして、もとの位置に戻せないのか？

それは、そもそも「もとの位置」となる、モノの「住所」をしっかり決めていないから。**戻す場所がなければ、戻しようがない。**だからモノが散らかるのです。

使ったあと、とりあえずの場所に置きっぱなしにしていると、部屋は散らかり放題。悪いときにはモノがなくなる危険性もあります。

これを防ぐために、モノの「住所」を決めましょう。住所を決めることで、「戻そう」という意識が生まれます。

✧手の届く高さも考えて、住所を決める

自分や家族の身長を考えて、スムーズにモノを出し入れできる高さに置くことも大事です。

手の届きやすい位置は、①中、②下、③上と言われていて、「中《ちゅう》下《げ》上《じょう》の法則」と呼んでいます。

背の高い食器棚や冷蔵庫の場合、**中くらいの位置にあるモノがいちばん取り出しやすいのです。とくに、目の高さから腰くらいまでのあたりは、ゴールデンゾーンと呼んでいます。**ここに毎日使うようなモノを収納します。

次に使いやすいのが、下段で、いちばん使いづらいのが上段（手を伸ばしても届かない高さ）です。

使う頻度ごとに収納していきましょう。

上
中
下

◇ ドアがひらく方向を意識する

観音びらきの食器棚の場合、自分が右から左に動くことが多いとしたら、左側の扉のほうが、よりスムーズに食器を出し入れできます。

逆に、右側のスペースは扉によって自分の手前がさえぎられ、手が届きにくいのです。

引き戸の場合は、扉をあけてすぐの場所がいちばん使いやすいスペースになります。

✧ 使う頻度ごとに住所を決める

たとえば食器棚の場合、毎日使う皿を奥に置いてしまうと、使うたびに手前の皿を移動させることになり、ムダな動きが出てきます。

よく使うモノを手前に、あまり使わないモノを奥に、といった具合に使う頻度を考えて収納しましょう。

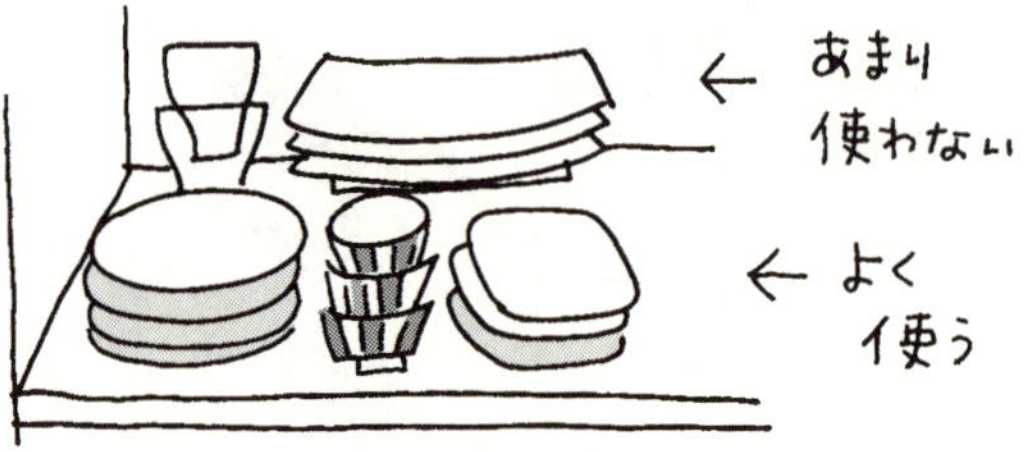

✧ 上に重ねるよりも、縦に立てて収納

上下に重ねて収納するよりも、縦に立てるほうが、どこに何があるかわかるうえに、取り出しやすくなります。

ポイントは、自分から見て縦に向けること。ブックスタンドや書類ケースを活用すると、フライパンなど収納しづらいモノも縦置きにできます。

◇目的ごとにグループ分けしてセット収納

デジカメで写真を撮って、パソコンに取り込もうとしたけど、肝心のコードが見当たらない……なんて経験が一度はあるのでは？

同じシーンで使うモノは、同じ場所にセットで収納しておくと使いやすくなります。お掃除セット（洗剤、雑巾、ブラシ、バケツなど）や、家計簿セット（ノート、ボールペン、電卓など）など、目的ごとにまとめてカゴに入れたら、決めておいた住所へ。ひとつひとつを探したり戻したりする手間が減ってとても便利です。

グループ分け（セット収納）で大切なのは、**ひとつのアイテムをふたつ以上の目的で共有しないこと。**

たとえば家計簿用ボールペンと、電話機の近くに置いたメモ用ボールペンは、別々に用意します。ほかの目的で使ってしまうと場所がわからなくなり、探しモノに時間がかかってしまうから注意して。

家計簿

5つのコツ 番外編

きれいな部屋をキープする

その①〜その⑤で、整理と収納のベースが組みあがったら、あとは「整とん」のコツをつかみましょう。

◇「整とん」でメンテナンスする

「整とん」とは、本章のはじめに紹介したように、
・部屋のインテリアを考えて、モノの色や素材、デザインなどを揃える。
・見栄えよく配置して、見た目を揃える。
ということです。

部屋の見た目が美しければ、汚すのが嫌になってくることでしょう。

✧モノの住所を決めると、「戻そう」という意識が生まれる

モノをとりあえずの場所に置いたり、床に置きっぱなしにしたりすると、どこにあるか、いつのまにかわからなくなってしまいます。

モノを使い終わったら、きちんともとの場所（＝その⑤で決めた住所）に戻すのが基本。

なれるまでは、少し時間がかかるかもしれませんが、続けていくうちに習慣化して「使う」↓「しまう」の動作がひとつのセットになります。

たとえばテーブルでボールペンを使ったあと、なんとなくポイッと置きっぱなしにしてしまうと、上に重ねた書類などに隠れてしまいます。次に使うときに見つからなくて、困ってしまう結果に。

だけど、筆箱を右端に置く、などと、ひとつルールを決めてしまえば、「使う」↓「しまう」の流れができます。この動作に慣れたら、自然と片づけの習慣がついています。

✧ラベルをつけて家族全員がわかるように

どこに何が入っているか、家族全員が知っていないと、モノをもとの場所に戻すことができません。「お母さん、あれ、どこ!?」などと毎回聞かれて、結局、探しモノに時間がかかることに。

中身がひと目でわかるように、ネームシールなどにアイテム名を書いて、ラベリングしましょう。

ラベルやネームタグは、ちょっとした工夫でつくることができます。

荷札に麻ヒモを通してナチュラルに。

シールにスタンプで印字してシンプルに。

カラフルなマスキングテープでメンバーごとに色を分けてもかわいいですね。

生活シーンに合わせて手作りしてみてください。アイテム名は、**できるだけ詳しく、だれでもひと目でわかりやすく書く**のがコツです。

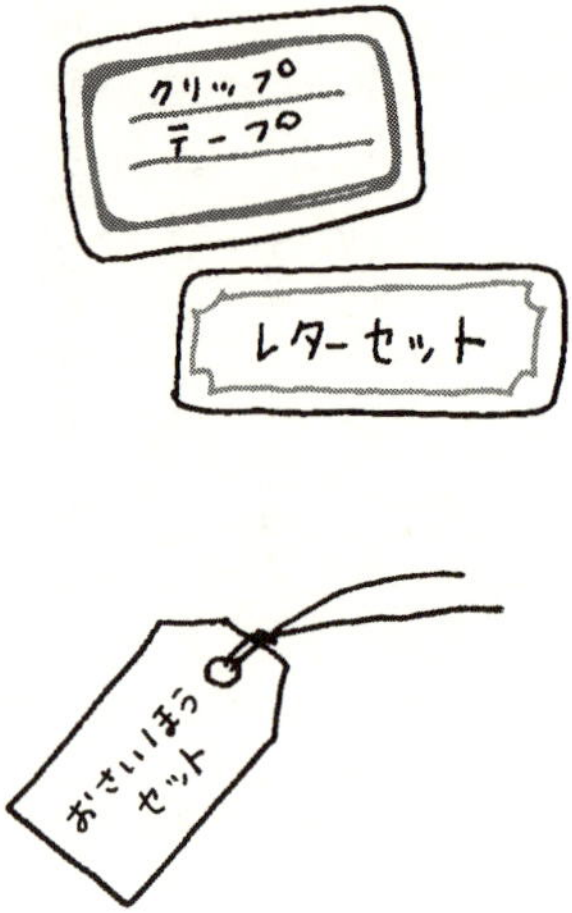

✧ 使用頻度ごとに整とんのペースをつくる

それでも、人とモノとの関係は複雑なもの。
毎日の生活のなかで環境が変わることもあります。

そこで、**整とんするモノを、使用頻度ごとに分けてみましょう。**

食器や食材など毎日使うモノは、その日のうちに。
週に何度か外出する人は、外出着やバッグなどをその週末のうちに。

こういった具合に、場面ごとに整とんのペースをつくるのです。

✧ 時間軸で並べると「使っていないモノ」が見えてくる

聴くことが多いCDアルバムや、よく観ているDVDは、聴いたり観たりしたあと、**棚の右側から戻すよう習慣づけます**（左利きの人は、棚の左側から戻す方法でOK）。

自然と、お気に入りのCDやDVDは右側に集まり、あまり興味のないモノは左側に寄せられていきます。

このように、時間軸でモノを収納すると、自分が使っているモノと使っていないモノがはっきり見えるようになるのです。

ちなみに、文庫本やCDアルバム、DVDはそれぞれのサイズがほぼ均一なので、高さを揃えやすいアイテムです。DVD数枚、CDアルバム数枚、文庫本数冊、といった具合に、**アイテム別に階段状に並べると、美しく整います。**

逆に、高さを揃えないとガタガタになって、必要以上に散らかっているように見えてしまうため、残念なインテリアになってしまいます。

✧何か買ったら、同じ数量の古いモノを手放す

時間軸に並べる方法を続けていって、左側に集まったCDやDVDは、実はあなたにとって「使っていないモノ」。

これらは残しておく必要がないので、新しいモノを購入したときに、左側のモノから同じ数量を手放して（2枚買ったら古い2枚を手放す）、新しいモノを右側から入れます。

これが、モノを増やさない最大のコツ！

この方法は、本や雑誌、服などにも応用できます。

いつのまにかモノがどんどん増えていく、ということを防ぐために、**新しくモノを購入したときは、必要な数量をキープできるよう、いま使っていないモノを手放しましょう。**

これに慣れたら、セールで衝動買いしそうになったとき、

「家にあるあの服を手放すくらいなら、我慢しよう」

と考えてムダ買いが減らせます。

✧片づけ達人になれば、モノへの意識が変わる

ここまで片づけをマスターすれば、自分にとって何がどれくらい必要なのか、はっきりわかるようになっているはず。

たまたまやっていたお店でタイムセールをやっていても、

「いまの自分は、このアイテムを、これくらい持っているから、同じモノはいらない」

と吟味できます。

どんなに安売りされていても飛びつくことがなくなり、衝動買いやムダ買いが減ることでしょう。

さらに、余分なモノに使っていたお金や、ムダな買い物時間も減ることに。

ムダ買いをしなかったことで、爽快な気持ちできれいに片づいた部屋に帰ることが

でき、ゆったり家での時間を楽しめます。

だんだん気持ちにゆとりが生まれ、精神的にも豊かになります。

片づけ達人に近づいたことで、モノに対する意識が変わり、あこがれの快適ライフを手に入れることができるのです。

理想の部屋をイメージして、幸せな暮らしを目指そう

いまの暮らしを、どう変えたい？

あなたのモノに対する意識を変えるために、もうひとつ重要なこと。それは、「こんな部屋でこんな暮らしをしたい」と具体的に理想をイメージすることです。

まず、**部屋に関する悩みを、具体的に書き出してみましょう。**自分が困っている内容を、できるだけ細かく紙に書き出してみるのです。

次に、**理想の暮らしのイメージを書き出します。**こちらもできるだけ具体的に、想像（妄想でもＯＫ♪）をふくらませて書いてくだ

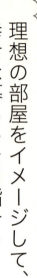

さい。

こうすることで自分の理想がはっきりして、どの場所をどのように整理すれば改善できるのがわかります。

ライフスタイルは十人十色。あなたの理想を自由に思い描いてみて。

現状　部屋に関して悩んでいること

例…靴箱が狭くて5人家族の靴をうまく収納できない
いつもニンジンを使いきれずに冷蔵庫で腐らせてしまう
ワンピースに合わせたいベルトがすぐに見つからなくて遅刻してしまう

理想 こんな暮らしがしてみたい

例…北欧っぽい家具の揃った、おしゃれな小物しか置いてないカフェっぽい部屋で、ゆったりと落ち着いてお茶や読書がしたい

Column

情報の鮮度ってどれくらい？

新聞・雑誌の情報はアシが早いもの（食べものにたとえると、腐りやすい）。

理想としては、読むと同時に気になった記事や必要な情報を切り抜いて、Ａ４サイズのファイルにまとめます。それ以外は、カゴや紙袋でつくった住所に入れていきます。情報にも〝賞味期限〟をつけて手放していきましょう

	賞味期限	手放すタイミング
新聞	当日かぎり	・毎日処分が理想的 ・面倒なら、２週間〜１か月分たまったら処分
週刊誌	１週間	・次号が出たとき ・面倒なら、１か月分たまったら処分
月刊誌	１か月	・次号が出たとき ・面倒なら、３か月分たまったら処分

Epilogue

ぼくが収納王子コジマジックになった理由

✧子どものころから片づけ上手で、きれい好き

生まれてから一度も、部屋を散らかして両親に叱られたなんてことがありません。

それには、ひとつ年上の兄の影響が大きいです。

兄は、小さいころから片づけがものすごく苦手な人でした。しょっちゅう部屋を散らかしては「片づけなさい」「お掃除しなさい」と注意されているのを見てきたので、それが反面教師になったんですね。

ぼくは兄が注意を受けているスキに自分のスペースをこっそり片づけるようになりました。

きれいになった部屋を見せて、「お前はできる子だなあ」と両親にほめてもらえることが、すごくうれしかったです。

「きれいにすれば、ほめてくれるんだ」っていう喜びが子ども心にありまして。

それから、部屋の片づけが大好きになりました。

母も片づけが大好きで、ＤＩＹまでするような人です。カラボを組んだり、古い家具にカッティングシートを貼ってリメイクしたり、押入れのフスマをはずしてロールスクリーンを取りつけたり、という作業を本当によくやっていました。

それを手伝うなかで、ＤＩＹのコツや工具の使い方などを自然と教わっていたんですね。

✧ 見よう見まねで、部屋づくりを楽しんでいた

学校を卒業して、松竹芸能の芸人になってからのこと。テレビ番組でちょっとした収納テクニックを披露したら、スタッフさんや視聴者の方から「なるほど！」と驚かれました。

ぼくとしては当たり前だったことが、意外な反応をもらえて、自分の特技にはじめ

て気づきました。

たとえば「縦型に収納する」などといった収納のノウハウは、母が昔から実際におこなっていたこと。ぼくは母の方法を、見よう見まねで身につけて、楽しみながら実践していたんだと思います。

東京で勝負するには、何か足りない……！

これまで、松竹芸能の漫才コンビ「オーケイ」としては大阪で約16年、東京進出して約6年、活動を続けています。

同期のなかで、ぼくらはいつも2番手でした。

「何か足りない。東京で勝負するにはプラスの要素がいる！」

そう思っていたころ、松竹芸能のホームページにぼくのコーナーができて、靴箱や机を安く手づくりするアイデアを掲載しました。

すると、某テレビ局のプロデューサーさんがたまたま見てくれて、あるテレビ番組

収納が大好きな母と、
幼稚園の卒園式にて

2000年の漫才コンビ「オーケイ」。
これでもイケメン漫才師なんて言われていたんですよ（笑）

初期の収納王子コジマジックは手にバラ、袖にフリル、裾はパンタロンといったプレスリースタイルだったんですよ（笑）

年間200本以上のご依頼をいただく、
大好評「笑って学べる収納セミナー」

で、ぼくが視聴者の方の部屋を片づけるという企画を組んでくれたんです。

これが視聴者の方に好評で、部屋の片づけができて笑いも取れる「収納芸人」としての活動がはじまりました。

◇「収納王子コジマジック」が動きはじめた

とはいえ、手先が器用なだけの人なら、ぼく以外にもたくさんいる。
「収納芸人」という肩書きだけでは、説得力に欠けてしまう。
そこで旧知の仲であるディレクターさんとあれこれ相談したところ……
ちょうど「○○王子」が流行っていたので「収納王子」にしよう！
王子だから白い衣装を着ようか！
そしてまるで魔法《マジック》のように片づけるから名字をもじって「コジマジック」にしよう！
……という流れで「収納王子コジマジック」が誕生したわけです。

これをきっかけに、東京進出を決めました。

✧漫才と、部屋の片づけは似ている！

漫才のネタって、使い捨てなんですよ。時間をかけて、しんどい思いをしてつくっても、人前で披露するのはほんの数回きり。だけど、一生懸命つくったので、なかなか手放せない。大阪時代はダンボールにして5箱分ほどのネタを保管していましたね。

東京進出を機に、それらを1個1個、整理してみたら……なんと9割がもう使えないネタだったんです。活かせるネタはファイル2冊に収まりました。

いままで大切にしていたつもりが、使わないモノに場所を取られていたんだ、と気づいてショックではありましたが、それで心と頭の整理ができました。スッキリと、あらたな気持ちで芸人としてのスタートを切れたんです。

ぼくの片づけマジックは、幸せになるためのお手伝いです！

約6年前に上京してから、ぼくの環境はずいぶん変わりました。

「整理収納アドバイザー」としての仕事をはじめた当時は、すべてが手探り状態だったんです。現場では懸命に片づけテクニックを披露し、帰宅してからは必死に勉強する日々。

いまでも毎日いろいろなアイデアを練っていますが、試行錯誤して、なんとかカタチになってきたように思います。

片づけが人生に役立つことを実感してきたぼくは、子どもを授かり、親になり、我が子にも片づけを教えたいと思うようになりました。

でも、子どもに楽しく片づけを教えるための手本は、どこにもありませんでした。

なぜなら「片づけ」に正解はないから……。

このままでは、片づけに悩む人が減ることはありません。

そこで、「親子で楽しく片づけを学べる子育て」のお手本をつくって、だれでも気軽に実践できるようにすることが、ぼくの使命だと考えるようになったんです。

そして、2014年12月に、収納と「育児・教育・育成」を組み合わせた言葉"収育《しゅういく》"を掲げた一般社団法人「日本収納検定協会」を立ち上げました。

片づけられる子どもたちを育てる、導くことができる大人を育てる、伝え続ける収育のプロを育てる、といった目標もあります。

「片づけ」ってだれもが一生向き合うことですから、
だとしたら、楽しくやってもらいたいし、
1日でも早く始めてほしい！

というのが、ぼくの思いなんです。

この仕事はなかなか大変ですが、それ以上に、やりがいがあります。

いろんな現場でお部屋をきれいにすると、片づけに悩んでいたみなさんの顔がパァ

～ッと明るくなって、笑顔があふれ、本当に幸せそう。

ぼくね、いつもこう言うんです。

「収納の先には、笑顔が待っていますよ♪」

まだまだ通過点ですから、これからもみなさんに喜んでいただけるような収納アイデアを考え、片づけのすばらしさを伝えていきたい。そしてより多くの人に、ハッピーな生活を送ってほしい。

これがぼくの理想です。

収納で
日本中を笑顔に

本書は２０１１年10月に株式会社アスペクトから刊行された『収納王子コジマジックの魔法のかたづけ術』を文庫化に際して加筆・修正し、再編集したものです。

●スタッフ
制作協力……一般社団法人 日本収納検定協会
作業協力……伊藤寛子、臼井由美（ケイスタイル株式会社）
本文写真撮影……長尾浩之
衣装協力……大原数馬（CREATION）
イラストレーション……宇田川一美
本文デザイン……浦郷和美
DTP……森の印刷屋
構成……大久保寛子

青春文庫

リバウンドしない収納《しゅうのう》の魔法《まほう》

2015年11月20日　第1刷

著　者　収納王子《しゅうのうおうじ》コジマジック

発行者　小澤源太郎

責任編集　株式会社プライム涌光

発行所　株式会社青春出版社

〒162-0056　東京都新宿区若松町12-1
電話 03-3203-2850（編集部）
03-3207-1916（営業部）
振替番号　00190-7-98602

印刷／中央精版印刷
製本／フォーネット社
ISBN 978-4-413-09633-1

ほんとうのあなたに出逢う ◆ 青春文庫

驚きと発見の雑学帳
こんな「違い」があったのか!!
例えば、痩せたい時は「糖質ゼロ」?「カロリーゼロ」?

社長とCEO、和牛と国産牛…など、よく似ているけどビミョーに差があるアレとコレの違いを徹底解明!

話題の達人倶楽部［編］

(SE-624)

180°気持ちが変わる「ポジ語」図鑑

「現実逃避しがち」→「気分転換がうまい」など、一発変換! ネガティブ感情から一瞬でぬけだす、すぐに使えるフレーズ集

話題の達人倶楽部［編］

(SE-625)

その英語 ネイティブはハラハラします

日米ネイティブ・セイン先生による「日本人のキケンな英語」クリニック

デイビッド・セイン

(SE-626)

これを大和言葉で言えますか?・［男と女編］
和の言い方なら、こんなに美しい

この世に男と女がいる限り、そこには恋が生まれ…古人が今に残してくれた、男と女の大和言葉696語を厳選!

知的生活研究所

(SE-627)

真田丸の顛末 信繁の武士道

徳川家康に一度は切腹を覚悟させた「日本一《ひのもといち》の兵《つわもの》」の戦いぶりとその生き様とは！

中江克己

(SE-632)

リバウンドしない収納の魔法

テレビや雑誌、セミナーなどで活躍中の収納王子が実践している片づけノウハウ。たった3ステップでみるみるキレイに！

収納王子コジマジック

(SE-633)